随机分配的机制设计分析

刘鹏 著

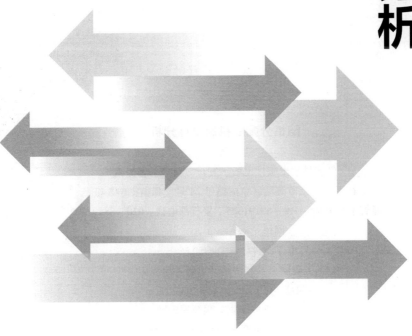

中国财经出版传媒集团
经济科学出版社
Economic Science Press

图书在版编目（CIP）数据

随机分配的机制设计分析/刘鹏著．--北京：经济科学出版社，2023.6

ISBN 978-7-5218-4831-1

Ⅰ.①随… Ⅱ.①刘… Ⅲ.①分配机制-研究 Ⅳ.①F014.4

中国国家版本馆CIP数据核字（2023）第107232号

责任编辑：崔新艳
责任校对：王苗苗
责任印制：范 艳

随机分配的机制设计分析
刘 鹏 著
经济科学出版社出版、发行 新华书店经销
社址：北京市海淀区阜成路甲28号 邮编：100142
经管中心电话：010-88191335 发行部电话：010-88191522
网址：www.esp.com.cn
电子邮件：expcxy@126.com
天猫网店：经济科学出版社旗舰店
网址：http://jjkxcbs.tmall.com
北京季蜂印刷有限公司印装
710×1000 16开 7.75印张 130000字
2023年7月第1版 2023年7月第1次印刷
ISBN 978-7-5218-4831-1 定价：42.00元

本书受到国家自然科学基金青年项目“单峰偏好约束下的交换机制研究”（项目编号：72003068）资助。

前言

PREFACE

如何分配集体拥有的资源在现实中是很常见的问题，也是经济学研究中一个重要的问题。在现实中的大多数分配问题中，分配机制的制定依然是经验导向的，缺乏理论的系统的支持。对此，机制设计中的一个重要问题便是研究如何设计满足较好性质的分配机制。对这一问题的研究尚处于比较早期的阶段。最早研究这类问题的学术文章发表于20世纪90年代，并且在之后的很长一段时间并没有大的突破。这相对于机制设计中其他问题的研究是比较落后的。比如我们对拍卖机制以及合同理论的研究不仅在理论上已经取得了非常好的成果，而且已经在实际中应用。所以，对分配机制的研究尚需研究者的努力。

笔者从博士研究生期间开始接触并研究集中分配问题，在博士毕业后的几年内持续对该问题进行研究。基于这些研究，笔者发表了数篇相关的学术论文。本书就是基于这些研究结果进行的总结。希望本书内容能有助于对这一机制设计问题感兴趣的读者了解当前研究进展。但是，限于笔者的学识以及主观的兴趣偏好，还有很多相关的研究本书未能涉及，敬请读者批评指正。

在博士阶段，新加坡管理大学的舒鲁吉特·查特吉（Shurojit Chatterji）教授引领笔者进入了机制设计这一令人着迷的领域，并在笔者的研究过程中提供了高瞻远瞩的指导。没有他的帮助，就不会有本书展现的内容。在此深表感谢！

目录

CONTENTS

第一章　绪　　论

如何分配稀缺资源一直是经济学研究的重点问题。古典经济学中最重要的结论之一——完全竞争市场的分配结果是帕累托最优的，这一结论成立的一个重要假设（也就是“价格接受者”）在现实中很难成立。因此，经济学对市场的研究进入了对市场结构的研究。以上都是对市场的研究，但是我们现实中的很多分配问题却因为法律、传统、道德等因素不能通过市场处理，而需要采用某种集中分配的机制，如公租房在符合标准的申请人中的分配、办公室在员工中的分配、玩具在小朋友中的分配等。对这类问题的研究形成了最近二三十年机制设计的重要分支。

假设我们要将 n 个物品在 n 位参与分配的个人中分配。每位参与人对这些待分配物品的优劣有自己主观的想法，也就是我们所说的偏好（preference）。作为研究的起点，我们假设分配的结果必须每位参与人得到一个物品。对这样的一个分配问题，我们会立即意识到一个问题：公平。公平在我们所考虑的集中分配问题中无疑是一个很重要的考量。而公平的一个非常基本的要求就是对同样情况的参与人给予同等的对待。在我们的模型中，参与人的特征完全在其偏好上体现，所以公平的一个基本要求是当参与人的偏好一样的时候，给他们同样的物品。①

但是，在我们所考虑的绝大部分集中分配问题中，物品是不可以切割的（indivisible）。比如在公租房问题中，我们是不能把两个家庭安排到一套公寓中的。这样就会出现两位参与人都想要同一套公寓时的公平问题。为满足基本的公平要求，随机分配（random allocation）被提了出来。比如现实中我们经

---

① 我们暂不考虑更为复杂的情况中参与人的情况除了其偏好可能还有其他描述，比如年龄等。对这些情况，读者应该意识到，我们这里面临的公平问题依然不能全部解决。

常见到的摇号就是一种随机方法。因此，我们接下来将会称这样的分配问题为随机分配问题。在这样的问题中，从事前来看，每位参与人得到的是 n 个物品上的一个概率分布。而我们作为机制设计者所面临的问题是要设计出一个满足比较好的性质的分配方法，这一方法要求在所有可能的情况下都能给出好的随机分配。我们称这样的方法为一个随机分配机制（random allocation mechanism）。

周林是最早一批研究随机分配问题的（Zhou L，1990）。在这篇文章中，随机分配机制是一个从参与人对物品的基数效用函数（cardinal utility function）到随机分配的函数。这里所谓基数效用函数是指每一位参与人对每一个待分配物品用一个实数去衡量其优劣，不仅这些数字之间的相对大小体现了优劣的排序，其差值也体现出了相对优劣的程度。周林的结论给出了一个很强的不可能性定理（impossibility）：当 $n \geqslant 3$ 的时候，不存在同时满足防策略性（strategy-proofness）、效率性（efficiency）以及公平对待性（equal treatment of equals）的随机分配机制。为理解这一结论，我们需要注意以下三点。

第一，这里对随机分配机制要求的三个性质是从不同角度施加的比较基本的要求。首先，防策略性要求没有参与人有动机在报告其效用函数的时候撒谎。这一要求源于参与人通过撒谎而追求对其更好的随机分配的动机。[①] 其次，效率性要求随机分配机制在任何给定的效用函数下所选择的随机分配都是帕累托最优的（Pareto optimal）。这是当经济学研究资源分配的时候从整体社会角度施加的资源利用效率最大化的要求。最后，公平对待性就是我们提到的在分配机制中引入随机的原因：我们希望能保证给报告相同效用函数的参与人以同样的概率分布，以保证在事前对其公平对待。

第二，这一结论并未对参与人可能的效用函数集合进行限制，也就是说，这一结论是建立在所谓无约束域上的（unrestricted domain）。因此，面对这一不可能性定理，一个很自然的问题就是，有没有可能通过限制效用函数的形式逃避它，也就是找到满足上述三个性质的机制？然而，通过周林对这一结论的证明我们可以看出，这条路基本没有希望。因为，尽管从表述上来看，作者并没有对效用函数施加约束，但是在证明中只用到了三个不同的效用函数就够

① 这一性质有更根本的逻辑基础。有兴趣的读者可以查看关于显示定理（revelation principle）的内容。

了。也就是说，如果我们想通过施加效用函数上的约束找到可能性定理（possibility），那么找到的约束一定是极其严苛的。

第三，通过以上两点的叙述，读者应该已经感受到了这一领域研究前进的巨大困难：不管通过限制效用函数这一方向还是弱化对随机分配机制的要求这一方向都很难找到有意义的可能性定理。

在这之后，另外两位学者指出（Bogomolnaia A and Moulin H，2001），在分配问题中我们不应该期望参与人报告其基数效用函数，这对他们是比较困难的。相对而言，要求他们报告序数偏好（ordinal preference）会合理得多，因为序数偏好只要求参与人在每一对物品中指出哪个比较好，而不要求其给出具体好多少的数值衡量。但是，如果一个随机分配机制只要求参与人报告其序数偏好，新的问题就会产生：每一位参与人得到的是一个在物品集合上的概率分布，我们应该如何在只有序数偏好信息的情况下定义参与人对不同的概率分布的态度？在基数效用模型中，给定参与人的效用函数以及一个概率分布，一个自然的假设就是，参与人通过比较期望效用（expected utility）来比较不同的概率分布。但在序数偏好模型中，计算期望效用缺少基数效用函数。为此，他们假设，一个概率分布如果根据参与人的序数偏好对另一个概率分布随机占优，我们就说这位参与人认为前一个概率分布比后一个好。这一假设其实等价于在假设，给定任意一个能够表示参与人的序数偏好的基数效用函数，前一个概率分布计算所得的期望效用不低于后者的期望效用。所以，这个假设可以被认为是一个机制设计者角度的谨慎的做法：当我们没有参与人的基数效用信息，而只有序数偏好信息的时候，我们保证不管参与人脑中的基数信息是什么（与其序数偏好相符），我们对这位参与人关于不同概率分布的态度的认定都是符合期望效用的。[①] 处理好这个问题之后，我们就可以定义对一个好的随机分配机制的三个要求了，即防策略性、效率性、公平对待性。这里唯一的差别就在于参与人的信息由基数效用变成了序数偏好。但不幸的是，这两位学者依然给出了在无约束偏好域上的不可能性定理（Bogomolnaia A and Moulin H，2001）：当 $n\geqslant4$ 的时候，不存在同时满足防策略性、效率性、公平对待性的随机分配机制。不同于周林的结论，这篇文章中用以证明不可能性定理的偏好比较多，而且似乎具有某种结构。这一点给了从限制偏好域（restricted prefer-

---

① 具体模型设定请见第二章。

ence domain）的角度寻找可能性定理的希望。[①] 在这之后，另外两篇文章（Kasajima Y，2013；Altuntaş A，2016）分别尝试了单峰偏好约束（single-peaked restriction）以及单谷偏好约束（single-dipped restriction），但结果依然是不可能性定理。这两个偏好约束假设物品根据某个客观的属性可以被排序，比如物品集合是不同的公寓，那么它们就可以根据面积从大到小排序。单峰偏好约束要求参与人心中有一个最优面积，一个公寓的面积离这一最优面积越近就意味着越好。单谷偏好相反，某个面积被认为是最差的，而且离这一面积越近就意味着越不好。[②] 本书探讨的就是沿着施加偏好约束这一方向寻找可能性定理的问题。

我们首先给出了一个结论：满足某个偏好约束下的偏好形成的集合如果满足连通性（connectedness），那么其上存在同时满足防策略性、效率性、公平对待性的随机分配机制就等价于这个偏好约束是限制层级约束（restricted tier restriction）。为理解这一结论，我们需要讲清楚以下几点。第一，连通性是偏好集合可能满足的一个性质。这个性质本身的定义并不重要，重要的是在文献中（包括在其他机制设计问题的文献中）被研究过的偏好约束形成的偏好集合几乎都满足这一性质。第二，为解释限制层级偏好约束，假设待分配物品是同一部电梯连通的公寓。这一偏好约束要求所有参与人都认为楼层越高的公寓越好。从这里可以看出，这一偏好约束是非常强的，它几乎就要要求所有参与人的偏好都一样了。由于这一偏好约束太强了，文献中几乎所有的重要的偏好约束都不满足它的要求。第三，正如前面两点所述，连通性很弱而限制层级约束很强，所以文献中绝大多数的偏好约束都满足连通性而不满足限制层级的要求。因此，我们的这一结论不仅可以推导出文献中已有的不可能性定理（Altuntaş A，2016；Bogomolnaia A and Moulin H，2001；Kasajima Y，2013），而且会得到一系列新的不可能性定理。[③] 相对于这些不可能性定理，上面的结论更为重要的意义在于指出了寻找可能性定理的方向。根据连通性的定义，如果一

---

① 在很多机制设计问题中，从施加偏好约束的角度寻找存在性定理的方法已经被一次一次地应用。比如在偏好加总的问题中，也就是如何将个人对一些公共选择的偏好加总为一个社会的偏好，著名的阿罗不可能定理证明在无约束偏好域上不存在同时满足一致性（unanimity），独立于无关选项（independence of irrelevant alternatives）以及非独裁（non-dictatorship）的加总机制。但如果个体的偏好是单峰的，多数取胜机制就能同时满足上述性质。

② 这两种偏好约束的具体定义请见第三章附录。

③ 见推论 3. 1 到推论 3. 7。

个偏好集合是不连通的，它就是多个连通的集合的并集。而上面的结论告诉我们，如果这个不连通的偏好集合上存在满足上述三个性质的机制，那么它所包含的连通的子集都必须是限制层级偏好域。因此，这个不连通的偏好域一定是限制层级偏好域的并集。按照这个方向，我们成功找到了一系列偏好域，其上存在满足上述三个性质的随机分配机制。

这些偏好域被称为序列二分偏好域（sequentially dichotomous domain）。这一约束条件要求存在一系列给定的物品属性，并且参与人通过一个一个检查物品是否满足这些属性来形成其偏好。具体来讲，假设待分配物品是一些小汽车，而给定的属性为变速箱是自动挡还是手动挡，是不是 SUV，价格是否超过 20 万元。序列二分偏好约束要求参与人首先判断，自己是更偏好手动挡还是自动挡。如果他认为自动挡比较好，那么他就把所有自动挡的车排在所有手动挡的车的前面，否则他就将手动挡的车排在自动挡的车前面。接下来，在所有自动挡的车的集合里，参与人判断自己是否更偏好 SUV。类似地，他就可以将自动挡的车的集合分为两个子集并给出这两个子集的一个排序。根据属性序列，参与人就可以一步一步细化这些物品子集，直到得到一个精确的偏好。不同的参与人对于属性的偏好可能不同，比如有些人喜欢自动挡而有些人喜欢手动挡。但只要他们的偏好是以这样一步一步二元细分的方式产生的，我们称为一个序列二分偏好。我们在第五章给出的结论为：在序列二分偏好域上存在同时满足防策略性、效率性、公平对待性的随机分配机制。而且，正如我们所料，任意一个序列二分偏好域都可以表示成几个限制层级偏好域的并集，因此，我们对可能性定理的探索取得了很好的成果。

上面提到的所有研究都有一个关键的假设：每位参与人最多得到一个物品。而这一假设对于我们的很多应用都是不成立的。比如在一个工作小组中分配任务，只要任务数量比人数多，就意味着必须有一些成员承担两个及以上的任务。因此，我们在第六章研究放松这一假设会对随机分配机制的设计带来什么问题。

总体而言，最近二三十年对随机分配的机制设计问题的研究让我们对它的认识越来越清晰了。从最初的建立在无约束偏好域上的不可能性定理，到最近的可能性定理；从最初的每位参与人最多获得一个物品的设定到更加复杂的模型设置。但是，相对于机制设计中其他的一些分支（比如拍卖），随机分配还有很多有待研究的细节。更为重要的是，这一机制设计问题的出发点就是为现实中的集中分配提供理论支持甚至细致的机制设计指导。很明显，现在已有的研究离这一目标还有很远的距离，还需要研究人员继续努力。

第二章　随机分配模型

我们将待分配物品的集合记为 $A \equiv \{a, b, c, d, \cdots\}$，将参与分配的个人的集合记为 $I \equiv \{1, 2, \cdots, n\}$。在接下来的大部分章节我们假设 $|A| = |I| = n$ 并且每位参与人将得到一个物品。在第六章我们将讨论放松这两个假设带来的影响。每一位参与人 $i \in I$ 对物品有一个严格偏好（strict preference），我们记为 P_i。这一偏好也就是在物品集合 A 上的一个满足完备性（completeness）、传递性（transitivity）以及非对称性（asymmetry）的二元关系。aP_ib 表示参与人 i 认为物品 a 比 b 好。我们将所有偏好形成的集合记为$\mathbb{P}$。对于具体的分配问题，参与人的偏好可能并不是随意的，而是具有某种偏好约束的。因为偏好约束而形成的偏好的集合被称为偏好域。我们将其记为$\mathbb{D} \subseteq \mathbb{P}$。相应地，我们称$\mathbb{P}$为无约束偏好域。给定一个偏好 $P_i \in \mathbb{D}$，我们用 $r_k(P_i)$ 表示根据 P_i 排在第 k 位的物品。给定一个偏好 $P_i \in \mathbb{D}$以及一个物品 $a \in A$，$B(P_i, a) \equiv \{b \in A: bP_ia\}$ 表示根据 P_i 比 a 好的物品的集合。一个偏好组合是指所有参与人的偏好所形成的向量 $P \equiv (P_1, \cdots, P_n) \in \mathbb{D}^n$。

一个随机分配指的是一个双随机矩阵（bi-stochastic matrix），也就是一个非负的实数方阵。这个方阵的每一个元素都在 [0, 1] 里，并且它的每一行和每一列都加总为一。我们将一个随机分配记为 L，它们所形成的集合记为 $\mathcal{L}$。一个随机分配 L 的每一行对应一位参与人，每一列对应一个待分配物品。其第 i 行第 a 列的元素记为 L_{ia}，表示这一随机分配下参与人 i 得到物品 a 的概率。这样，每一行就表示一位参与人得到物品的概率分布，我们记为 L_i。随机分配集合 $\mathcal{L}$ 的一个特殊的子集是确定分配（deterministic allocation），也就是矩阵中的元素要么为 0 要么为 1。我们将一个确定分配记为 D，并将其集合记为 $\mathcal{D} \subset \mathcal{L}$。伯克霍夫 - 冯诺依曼（Birkhoff-von Neumann）定理保证任何随机分配都可以被表示成确定性分配集合 $\mathcal{D}$ 上的概率分布。这样，当我们通过某种方法得到某一个随机分配，就可以通过随机抓取的方式选择一个确定分配并加以实施。

我们将待分配物品 A 上的概率分布记为 $\Delta(A)$。给定一个偏好 $P_i \in \mathbb{D}$，如果一个概率分布 $L_i \in \Delta(A)$ 相比另一个概率分布 $L_i' \in \Delta(A)$ 给更好的物品赋予更高的概率，我们就说 L_i 对 L_i' 随机占优（stochastic dominance）。严格来讲，它要求的是对所有 $k=1, \cdots, n$，$\sum_{l=1}^{k} L_{ir_l(P_i)} \geqslant \sum_{l=1}^{k} L'_{ir_l(P_i)}$。我们把这样的情况记为 $L_i P_i^{sd} L_i'$。同样，$LP^{sd}L'$ 表示对每一位参与人 $i \in I$ 都有 $L_i P_i^{sd} L_i'$。我们研究随机占优的原因在于，如果一个概率分布 $L_i \in \Delta(A)$ 根据一个偏好 $P_i \in \mathbb{D}$ 对另一个概率分布 $L_i' \in \Delta(A)$ 随机占优，那么不管参与人 $i \in I$ 的效用函数是什么，只要是和 P_i 相符，那么 L_i 给出的期望效用就不低于 L_i' 给出的期望效用。一个随机分配机制就是从偏好组合到随机分配的一个函数 $\varphi: \mathbb{D}^n \to \mathcal{L}$。这样的函数将告诉我们当每一位参与人报告自己的偏好后，选择哪一个具体的随机分配。给定一个偏好组合 $P \in \mathbb{D}^n$，$\varphi(P) \in \mathcal{L}$ 就是所选择的随机分配，$\varphi_{ia}(P)$ 是指参与人 i 得到 a 的概率，$\varphi_i(P)$ 就是 i 得到的概率分布。随机分配机制的一种特例是确定分配机制：$\varphi: \mathbb{D}^n \to \mathcal{D}$，也就是只会选择确定分配的机制。

我们要求一个好的机制满足以下性质。

第一，防策略性要求对每一位参与人来讲，报告其真实偏好给其带来的概率分布根据其真实偏好对任何谎言带来的概率分布随机占优。严格来讲，一个随机分配机制 $\varphi: \mathbb{D}^n \to \mathcal{L}$ 如果满足以下要求，我们就讲其满足防策略性：对任何参与人 $i \in I$，其任何偏好 P_i，$P_i' \in \mathbb{D}$ 以及其他参与人的任何偏好组合 $P_{-i} \in \mathbb{D}^{n-1}$，都有 $\varphi_i(P_i, P_{-i}) P_i^{sd} \varphi_i(P_i', P_{-i})$。

第二，效率性要求随机分配机制总是选择一个帕累托最优的随机分配。严格来讲，效率性要求随机分配机制 $\varphi: \mathbb{D}^n \to \mathcal{L}$ 满足以下条件：对任意偏好组合 $P \in \mathbb{D}^n$ 以及任意随机分配 $L' \in \mathcal{L}$，都有 $[L' P^{sd} \varphi(P)] \Rightarrow [L' = \varphi(P)]$。

第三，本书探讨两个公平性要求。第一个名为平等对待性，要求只要参与人的偏好相同，其得到的概率分布也相同。严格来讲，平等对待性要求随机分配机制 $\varphi: \mathbb{D}^n \to \mathcal{L}$ 满足以下条件：对任意偏好组合 $P \in \mathbb{D}^n$ 都有 $[P_i = P_j] \Rightarrow [\varphi_i(P) = \varphi_j(P)]$。第二个名为无嫉妒性（envy-freeness），要求所有参与人都认为其得到的概率分布比其他人的好。严格来讲，无嫉妒性要求随机分配机制 $\varphi: \mathbb{D}^n \to \mathcal{L}$ 满足以下条件：对任意偏好组合 $P \in D^n$ 以及任意两位参与人 i，$j \in I$，都有 $L_i P_i^{sd} L_j$。

文献中着重研究的两个随机分配机制分别为随机序列机制（random serial dictatorship，RSD）以及匀速吃蛋糕机制（probabilistic serial，PS）。下面我们介绍这两个机制。

RSD 机制就是以平均的概率随机确定参与人的排序，然后实施先到先得的分配。具体来讲，我们将参与人的排序记为一个一对一的函数 σ：$I \rightarrow \{1, \cdots, n\}$。其中 $\sigma(i) = k$ 就表示参与人 i 排在第 k 位。我们将所有排序的集合记为 $\sum$，那么 $\left|\sum\right| = n!$。给定一个排序 $\sigma \in \sum$，先到先得会给出一个确定的分配，记为 $SD^{\sigma}(P) \in \mathcal{D}$。所谓先到先得就是指根据给定的排序，每位参与人在轮到自己的时候在剩下的物品中拿他最为偏好的，而 RSD 就是给所有排序所得的确定分配赋予相同的概率所得到的随机分配，如下所示：

$$RSD(P) = \frac{1}{\left|\sum\right|}\sum_{\sigma \in \sum} SD^{\sigma}(P)$$

事实 2.1　RSD 机制在无约束偏好域上满足防策略性以及公平对待性，但不满足效率性以及无嫉妒性。

对于 RSD 机制，一个需要注意的特点是，给每一种可能的排序赋予相等的概率这件事情是外生给定的。也就是说，不管参与人报告的偏好是什么，这些概率是不变的。所以，当某一位参与人谎报其偏好的时候，他不会改变不同排序的概率，而只可能改变在给定排序中他自己获得的物品。但是，不管他的排序是第几位，他获得的物品如果发生了变化，一定是变差了。所以，RSD 机制的防策略性是显而易见的。① 另外，由于所有排序的概率相等，每一位参与人在 RSD 机制中是被同等对待的。因此，如果两位参与人的偏好一样，他们得到的概率分布也一定是一样的。也就是说，RSD 机制满足公平对待性。RSD 机制不满足无嫉妒性以及效率性可分别由例子 2.1 和例子 2.2 看出。②

例子 2.1　令 $I = \{1, 2, 3\}$，$A = \{a, b, c\}$。考虑以下偏好组合。在此偏好组合下，RSD 机制给出的随机分配如下。这里可以看出 $RSD_1(P) P_1^{sd} RSD_3(P)$ 不成立，因为 $RSD_1(P)$ 给 a 和 b 赋的概率之和为 2/3，而 $RSD_3(P)$ 赋的概率

① 这里的论证可以总结为：（1）所有先到先得分配机制都是满足防策略性的；（2）根据定义，满足防策略性的机制的线性组合依然满足防策略性。

② 这两个例子来自 Bogomolnaia A，Moulin H. A new solution to the random assignment problem [J]. Journal of Economic Theory，2001，100（2）：295 - 328.

和为5/6。

P_1：a>b>c

P_2：a>c>b

P_3：b>a>c

$$RSD(P)=\begin{bmatrix} & a & b & c \\ 1: & 1/2 & 1/6 & 1/3 \\ 2: & 1/2 & 0 & 1/2 \\ 3: & 0 & 5/6 & 1/6 \end{bmatrix}$$

根据随机占优的定义，$RSD_1(P)\ P_1^{sd}RSD_3(P)$ 不成立意味着存在某个效用函数能够代表1的偏好，而且根据这个效用函数，$RSD_1(P)$ 给出的期望效用低于 $RSD_3(P)$ 给出的期望效用。为此，考虑 $u(a)=36$，$u(b)=30$，$u(c)=0$。那么 $RSD_1(P)$ 给出的期望效用为 $36\times1/2+30\times1/6+0\times1/3=23$，$RSD_3(P)$ 给出的期望效用为 $36\times0+30\times5/6+0\times1/6=25$。

例子2.2 令 I = {1，2，3，4}，A = {a，b，c，d}。考虑以下偏好组合。在此偏好组合下，RSD机制给出的随机分配如下：

P_1：a>b>c>d

P_2：a>b>c>d

P_3：b>a>d>c

P_4：b>a>d>c

$$RSD(P)=\begin{bmatrix} & a & b & c & d \\ 1: & 5/12 & 1/12 & 5/12 & 1/12 \\ 2: & 5/12 & 1/12 & 5/12 & 1/12 \\ 3: & 1/12 & 5/12 & 1/12 & 5/12 \\ 4: & 1/12 & 5/12 & 1/12 & 5/12 \end{bmatrix}$$

为考察其效率性，考虑下面的随机分配：

$$L=\begin{bmatrix} & a & b & c & d \\ 1: & 1/2 & 0 & 1/2 & 0 \\ 2: & 1/2 & 0 & 1/2 & 0 \\ 3: & 0 & 1/2 & 0 & 1/2 \\ 4: & 0 & 1/2 & 0 & 1/2 \end{bmatrix}$$

通过对比每位参与人在RSD(P)和L获得的概率分布，我们看到，L_i 可以由 $RSD_i(P)$ 通过将概率从差的物品往好的物品转移构造。比如，给定 $RSD_1(P)$，我们将1/12的概率从b(d)转移到a(c)上，就可以得到 L_1。由此，$RSD(P)P^{sd}L$ 不成立，所以RSD机制不满足效率性。

例子2.2中随机分配L其实是PS机制的结果。我们接下来介绍这一机制。PS机制假设待分配物品是不同口味的蛋糕。每一块蛋糕的分量都是一。当计时器开始计时，每一位参与人去吃其最喜欢的蛋糕。所有参与人吃蛋糕的速度一样，标准化为一。那么，肯定在某个时间点，某一个或者多个蛋糕会被吃完。接下来，每一位参与人去吃剩余的蛋糕中最喜欢的。这样的过程持续下去，直到所有蛋糕都被吃完。因为我们把蛋糕的分量和吃蛋糕的速度都标准化为一，所有蛋糕被吃完的时间点就是1。最后，每一位参与人吃的每一块蛋糕的分量就是随机分配中这个参与人得到对应物品的概率。PS机制的严格定义如下。固定一个偏好组合$P \in \mathbb{D}^n$，如果一个参与人在某个物品子集$A' \subseteq A$中最喜好的物品为a，我们将其包括在一个集合中。严格来讲，令$N(a, A') \equiv \{i \in I: aP_ib, \forall b \in A' \setminus \{a\}\}$。PS选择的随机分配$PS(P) \equiv L^{\bar{v}}$将由以下循环给出。

初始化：$t^0 \equiv 0$，$A^0 \equiv A$，对任意$i \in I$和任意$a \in A$，令$L_{ia}^0 \equiv 0$。

循环：$v = 1, \cdots, \bar{v}$：

$$t^v \equiv \min_{a \in A^{v-1}} \max\{t \in [0, 1] \mid \sum_{i \in I} L_{ia}^{v-1} + |N(a, A^{v-1})|(t - t^{v-1}) \leqslant 1\}$$

$$A^v \equiv A^{v-1} \setminus \{a \in A^{v-1} \mid \sum_{i \in I} L_{ia}^{v-1} + |N(a, A^{v-1})|(t^v - t^{v-1}) = 1\}$$

$$L_{ia}^v \equiv \begin{cases} L_{ia}^{v-1} + t^v - t^{v-1}, & \text{如果 } i \in N(a, A^{v-1}) \\ L_{ia}^{v-1}, & \text{其他} \end{cases}$$

终止条件：$A^{\bar{v}} = \emptyset$而$A^{\bar{v}-1} \neq \emptyset$。

第三章中的例子3.1给出了一个具体的分配问题，并给出了PS机制的吃蛋糕过程以及最终的随机分配。下面我们给出PS机制在无约束偏好域上的表现。

事实2.2　PS机制在无约束偏好域上满足效率性以及无嫉妒性（因此也满足公平对待性），但不满足防策略性。

在例子2.2中，我们已经看到在一个具体的偏好组合下PS机制的结果对RSD机制的结果随机占优。这一结论事实上对任意偏好组合都成立。PS机制满足效率性以及无嫉妒性的严格证明文献已给出（Bogomolnaia A and Moulin H，2001）。这里不再赘述。至于其不满足防策略性可由例子3.1得出。一般来讲，一个随机分配机制对偏好变化的反应越大，它就越可能不满足防策略性。可以想象一个极端：任何偏好组合都指定同样的随机分配。这样的机制肯定是满足防策略性的，因为参与人根本没有通过改变自己的偏好而影响最后分配结果的渠道。对比RSD以及PS机制我们可以看到，PS机制相对而言对偏好变化的反应更大一些。在RSD机制下，如果一位参与人改变了自己的偏好，首先他不能改变所有排序以相同概率随机选取这件事。另外，在一个固定的排序下，他自己偏好的改变不能改变排在他前面的参与人获得的物品。而他改变排在他后面的参与人获得的物品的前提是他自己获得一个更差的物品。但是在PS机制下，哪怕某一位参与人只是将其偏好改变了一点点（比如例子3.1中只是将两个相邻的物品排序反转了一下），都有可能影响某个物品被吃完的时间点。而这又会影响所有参与人在下一个时间段吃哪个物品，之后会影响接下来被吃完的物品是哪些，等等。所以，PS机制下，某位参与人偏好的一点点变化都有可能被放大到完全改变吃蛋糕的过程。因此，就一般逻辑而言，PS机制就更有可能被参与人通过改变自己的偏好而操控，也就更难满足防策略性。

有了事实2.1和事实2.2，一个自然的问题就是，在无约束偏好域上是否存在随机分配机制满足我们要求的性质？已有文献给出了以下答案。

定理 如果 $n=3$，RSD是唯一在无约束偏好域上同时满足防策略性、效率性以及公平对待性的随机分配机制；如果 $n\geqslant 4$，在无约束偏好域上不存在同时满足上述三个性质的随机分配机制（Bogomolnaia A and Moulin H，2001）。

我们的探索将以此为起点，而我们期望的终点是找到所有存在好的分配机制的偏好域。

第三章　不可能性定理

为使我们的研究具有良好的可操作性，我们将首先在一类偏好域中寻找存在好的分配机制的可能性。这一类偏好域为满足所谓连通性的偏好域。这类偏好域包括了文献中几乎所有重要的偏好域。

第一节　连　通　域

给定两个偏好，如果它们之间唯一的差别就是两个相邻物品的排序发生了反转，那么我们就说这两个偏好是相邻的（adjacent）。严格来讲，给定两个偏好 P_i，$P'_i \in \mathbb{D}$，如果存在两个物品 a，$b \in A$，某个位次 k 满足 $r_k(P_i) = r_{k+1}(P'_i) = a$，$r_{k+1}(P_i) = r_k(P'_i) = b$，以及对任意 $l \neq k$，$k+1$ 有 $r_l(P_i) = r_l(P'_i)$，那么这两个偏好就是相邻的。记为 $P_i \approx P'_i$。给定一个偏好域 $\mathbb{D}$，如果其包含的任意两个偏好之间的差别都可以通过其包含的一系列的相邻偏好的变化来实现（也就是某两个相邻物品排序的反转），我们说这个偏好域是连通的。严格来讲，如果 $\mathbb{D}$ 满足以下条件，它就是连通的：对任意 P_i，$P_j \in \mathbb{D}$，都存在一个序列 P_1，P_2，…，$P_M \in \mathbb{D}$ 满足条件（1）$P_1 = P_i$；（2）$P_M = P_j$；（3）对每一个 $m = 1$，…，$M-1$，P_m 和 P_{m+1} 都是相邻的。

备注 3.1　在机制设计领域中曾被广泛研究的偏好域大多是连通的。比如无约束偏好域（Gibbard A，1977；Abdulkadiroğlu A and Sönmez T，1998），单峰偏好域（Kasajima Y，2013），单谷偏好域（Barberà S et al.，2012），极大单交叉偏好域（Saporiti A，2009），可分割偏好域（Le Breton M and Sen A，1999），顶层可分割偏好域（Le Breton M and Weymark J A，1999），多维单峰

偏好域（Barberà S et al.，1993）等。①

第二节 理论结果

正如我们在第二章中所述，在无约束偏好域上不存在同时满足防策略性、效率性以及平等对待性的随机分配机制。在本节，我们将探索什么样的偏好约束能够使得这三个性质同时得到满足。通过这样的探索，我们将得到一个等价结论。这一结论将给出许多不可能性定理。在开始探索之前，我们先研究一个简单的例子。这个例子尽管简单，却给了我们至关重要的启示。

例子 考虑一个将四个物品 $A \equiv \{a, b, c, d\}$ 分配给四位参与人的问题。假设他们的偏好如下所示：

P_1：a>c>b>d　　P_3：b>a>c>d

P_2：a>b>c>d　　P_4：b>a>c>d

如果所有参与人都报告自己的真实偏好，那么 PS 机制所给出的随机分配 PS(P) 如下所示。而如果 4 号参与人说谎并报告说他的偏好是 P_4'：a>b>c>d，那么 PS 机制给出的随机分配就发生了变化，如 PS(P′) 所示。

$$PS(P)=\begin{bmatrix} & a & b & c & d \\ 1: & 1/2 & 0 & 1/4 & 1/4 \\ 2: & 1/2 & 0 & 1/4 & 1/4 \\ 3: & 0 & 1/4 & 1/4 & 1/4 \\ 4: & 0 & 1/4 & 1/4 & 1/4 \end{bmatrix} \quad PS(P')=\begin{bmatrix} & a & b & c & d \\ 1: & 1/3 & 0 & 5/12 & 1/4 \\ 2: & 1/3 & 2/9 & 7/36 & 1/4 \\ 3: & 0 & 5/9 & 7/36 & 1/4 \\ 4: & 1/3 & 2/9 & 7/36 & 1/4 \end{bmatrix}$$

上面的两个偏好组合说明 PS 机制不满足防策略性。具体来讲，4 号参与人说真话得到的概率分布根据其真实偏好并不对说假话得到的概率分布随即占优：$PS_{4a}(P)+PS_{4b}(P)=\frac{1}{2}<\frac{5}{9}=PS_{4a}(P')+PS_{4b}(P')$。这一现象是因为吃蛋糕的过程对偏好改变的反应很强。当一个人的偏好发生哪怕一点点改变，都会影响某些蛋糕被吃完的时间点，这又将影响其他人在下一时间段吃哪个蛋糕，而这又将影响接下来某些蛋糕被吃完的时间点等。对于这里的例子，4 号参与

① 我们将在本章附录中一一验证这些偏好域的连通性。

人原本最先吃 b，但他撒谎之后最先吃 a。这样就使得有三个人一起吃 a 并使得 a 在 1/3 时间点被吃完，而不是原本的 1/2。而 1 号参与人在 a 被吃完的时候就会去吃 c。这样，对于 4 号参与人而言，他成功地让 1 号参与人吃的 a 和 b 的总量减少了，从而自己可以吃更多的这两个蛋糕的总和。

这种情况的发生有一个前提，就是 1 号参与人把 c 排在 a 和 b 之间。所以，如果我们施加一个偏好约束：所有偏好排在最上面的两个物品必须是 a 和 b，如上所示的撒谎的动机就不存在了。

我们现在将前面例子中观察到的现象严格定义如下。首先，我们将 $\mathcal{P}\equiv(A_k)_{k=1}^{T}$ 称为一个层级结构（tier structure），也就是物品集合 A 的一个分割（partition）的排序。具体来讲，其满足以下条件：（1）每一个子集 $A_k \subseteq A$ 都是非空的；（2）任意两个子集都是互斥的 $A_k \cap A_{k'} = \emptyset$；（3）他们的并集是 A，也就是 $\cup_{k=1}^{T} A_k = A$；（4）$\mathcal{P}$ 就是这些子集的一个排序。接下来，如果一个层级结构 $\mathcal{P}\equiv(A_k)_{k=1}^{T}$ 的每一个子集包含最多两个物品，也就是 $|A_k| \leqslant 2$，那么我们称 $\mathcal{P}$ 为一个限制层级结构。最后，我们就可以定义以下偏好约束。

定义 3.1　如果一个偏好域 $\mathbb{D}$ 满足以下条件，我们称之为一个限制层级偏好域：存在一个限制层级结构 $\mathcal{P}\equiv(A_k)_{k=1}^{T}$，对所有偏好 $P_i \in \mathbb{D}$ 和物品 $a, b \in A$ 都有 $[a \in A_k,\ b \in A_{k'},\ k < k'] \Rightarrow [aP_ib]$。

一个限制层级偏好域的特点就在于，物品所在层级越高，其排序越高。读者可以将待分配物品想象为同一个单元内的公寓。每一层有两套公寓。那么，限制层级偏好域就可以理解为所有参与人都喜欢楼层更高的公寓。这样的一个偏好约束无疑是很强的，但不幸的是，一个连通的偏好域上如果存在一个好的随机分配机制，其必定是一个限制层级偏好域。

定理 3.1　如果一个连通域上存在同时满足防策略性、效率性以及公平对待性的随机分配机制，那么这个偏好域是一个限制层级偏好域。

证明：我们通过以下两个引理证明定理 3.1。首先，引理 3.1 给出了偏好域上的两个属性，并证明，如果一个偏好域上存在满足定理 3.1 所属性质的随机分配机制，那么这个偏好域就不满足这两个属性中的任意一个。引理 3.2 进一步证明，如果这个偏好域是连通的，那么它一定是一个限制层级偏好域。

引理 3.1　如果一个偏好域满足单抬升属性（single elevating property）或者双抬升属性（double elevating property），那么其上不存在同时满足防策略性、效率性、公平对待性的随机分配机制。

引理 3.2　一个连通域如果不满足单抬升属性和双抬升属性，那么它就是一个限制层级偏好域。

这两个引理的证明见本章附录。我们在这里仅说明引理 3.1 中涉及的两个属性。

首先，单抬升属性的定义如下：

定义 3.2　给定一个偏好域$\mathbb{D}$。如果存在三个偏好 $\bar{P}_i$，P_i，$\hat{P}_i \in \mathbb{D}$，三个物品 a，b，$c \in A$，位次 $1 \leqslant k \leqslant n-2$ 满足以下条件，我们就说$\mathbb{D}$满足单抬升属性。

1. $r_k(\bar{P}_i)=a$，$r_{k+1}(\bar{P}_i)=c$，$r_{k+2}(\bar{P}_i)=b$

   $r_k(P_i)=a$，$r_{k+1}(P_i)=b$，$r_{k+2}(P_i)=c$

   $r_k(\hat{P}_i)=b$，$r_{k+1}(\hat{P}_i)=a$，$r_{k+2}(\hat{P}_i)=c$

2. $B(\bar{P}_i, a)=B(P_i, a)=B(\hat{P}_i, b)$

也就是说，如果一个偏好域中存在如下所示的三个偏好，那么我们就说这个偏好域满足单抬升属性。从中我们可以看出，物品 b 在这三个偏好中的排序从第 k+2 位逐步抬升至第 k 位。另一个要求是，这三个偏好排在第 k 位之上的物品的集合是一样的（这些物品的排序可以不一样）。

$$
\begin{array}{lcccccccc}
 & & & k & & k+1 & & k+2 & \\
\bar{P}_i: & \cdots & \succ & a & \succ & c & \succ & b & \succ\cdots \\
 & \multicolumn{7}{l}{B(\bar{P}_i, a)=B(P_i, a)} \\
P_i: & \cdots & \succ & a & \succ & b & \succ & c & \succ\cdots \\
 & \multicolumn{7}{l}{B(P_i, a)=B(\hat{P}_i, b)} \\
\hat{P}_i: & \cdots & \succ & b & \succ & a & \succ & c & \succ\cdots
\end{array}
$$

双抬升属性比单抬升属性稍微复杂一点，其定义如下：

定义 3.3　给定一个偏好域$\mathbb{D}$。如果存在三个偏好 $\bar{P}_i$，P_i，$\hat{P}_i \in \mathbb{D}$，四个物品 a，b，c，$d \in A$，位次 $1 \leqslant k \leqslant n-3$ 满足以下条件，我们就说$\mathbb{D}$满足双抬升属性。

1. $r_k(\bar{P}_i)=a$，$r_{k+1}(\bar{P}_i)=c$，$r_{k+2}(\bar{P}_i)=b$

   $r_k(P_i)=a$，$r_{k+1}(P_i)=b$，$r_{k+2}(P_i)=c$，$r_{k+3}(P_i)=d$

   $r_k(\hat{P}_i)=b$，$r_{k+1}(\hat{P}_i)=a$，$r_{k+2}(\hat{P}_i)=d$，$r_{k+3}(\hat{P}_i)=c$

2. $B(\bar{P}_i, a)=B(P_i, a)=B(\hat{P}_i, b)$

双抬升属性要求存在的三个偏好，如下所示。从中可以看出，不仅 b 的位次得到了抬升，另一个物品 c 的位次同时也被抬升了。

$$\begin{array}{lccccccccccc}
 & & & k & & k+1 & & k+2 & & k+3 & & \\
\bar{P}_i: & \cdots & \succ & a & \succ & c & \succ & b & \succ & \cdot & \succ & \cdots
\end{array}$$

$$B(\bar{P}_i,\ a)=B(P_i,\ a)$$

$$\begin{array}{lccccccccccc}
P_i: & \cdots & \succ & a & \succ & b & \succ & c & \succ & d & \succ & \cdots
\end{array}$$

$$B(P_i,\ a)=B(\hat{P}_i,\ b)$$

$$\begin{array}{lccccccccccc}
\hat{P}_i: & \cdots & \succ & b & \succ & a & \succ & d & \succ & c & \succ & \cdots
\end{array}$$

由此，定理 3.1 可以被证明。

备注 3.2　在我们的模型部分我们假设 $|A|=|I|$，也就是参与人的数量和待分配物品的数量是一样的。如果其数量不相等，定理 3.1 依然成立。如果 $|A|>|I|\geqslant 3$，我们只需要将 $|A|-|I|$ 个物品固定在所有偏好的最低的位次，引理 3.1 就依然成立。如果 $|I|>|A|\geqslant 4$，我们只需要引入 $|I|-|A|$ 个虚拟物品，并将他们固定在所有偏好的最低位次，那么引理 3.1 就依然成立。而引理 3.2 并不要求 $|A|=|I|$。综上，不管参与人和物品数量是否相等，定理 3.1 都成立。

定理 3.1 的一个推论是，如果一个偏好域是连通的，但不是一个限制层级偏好域的话，那么就不存在同时满足防策略性、效率性以及公平对待性的随机分配机制。在备注 3.1 中我们已经提及，机制设计文献中大多数偏好域都是连通的，但它们显然都不是限制层级偏好域。所以，定理 3.1 可以推得具体的不可能性定理（见推论 3.1 至推论 3.7）。前三个为文献中已经证明的，后四个是新的结论。

推论 3.1　在无约束偏好域上不存在同时满足防策略性、效率性以及公平对待性的随机分配机制。（Bogomolnaia A and Moulin H，2001）

推论 3.2　在单峰偏好域上不存在同时满足防策略性、效率性以及公平对待性的随机分配机制。（Kasajima Y，2013）

推论 3.3　在单谷偏好域上不存在同时满足防策略性、效率性以及公平对待性的随机分配机制。（Altuntaş A，2016）

推论 3.4　在极大单交叉偏好域上不存在同时满足防策略性、效率性以及公平对待性的随机分配机制。

推论 3.5　在可分割偏好域上不存在同时满足防策略性、效率性以及公平对待性的随机分配机制。

推论 3.6　在顶层可分割偏好域上不存在同时满足防策略性、效率性以及公平对待性的随机分配机制。

推论 3.7　在多维单峰偏好域上不存在同时满足防策略性、效率性以及公平对待性的随机分配机制。

除这些推论外，定理 3.1 相对于具体的不可能性定理强的地方在于它可以为以后探索新的偏好约束提供方向。具体来讲，根据定理 3.1，在连通域上很难找到合理的偏好约束使得好的随机分配机制存在。因此，我们探索的方向应该是非连通偏好域。并且，非连通偏好域根据定义就是连通域的并集，而构成这一并集的连通域都应当是限制层级偏好域，所以，我们应当探索的方向具体而言就应该是如何将多个限制层级偏好域合并到一起形成一个非连通的偏好域，并且保证其上存在好的随机分配机制。我们在第五章中所展示的可能性定理就是沿这一方向探索的结果。

备注 3.3　如果我们将定理 3.1 中的公平对待性强化成无嫉妒性，那么引理 3.1 的证明将极大简化。具体证明见本章附录。

定理 3.1 告诉我们，存在好的随机分配的偏好域一定是一个限制层级偏好域，但没有说明在这样一个偏好域上好的机制具体是什么。定理 3.2 回答了这个问题：唯一好的机制就是 PS。

定理 3.2　给定一个限制层级偏好域 $\mathbb{D}$ 以及一个随机分配机制 φ：$\mathbb{D}^n \to \mathcal{L}$，那么以下三个论断是等价的。

（1）φ 同时满足防策略性、效率性、公平对待性。

（2）φ 同时满足效率性以及无嫉妒性。

（3）φ 是 PS 机制。

定理 3.2 的证明见本章附录。

第三节　本章小结

本章给出了在连通的偏好域中可能性以及不可能性的分界。具体来讲，一个连通域上存在好的随机分配机制就等价于要求这个偏好域是一个限制层级偏好域。这一结论从表述上来讲是一个可能性定理，因为这个结论告诉我们在某个偏好约束下存在好的机制。但是，因为限制层级结构对偏好的约束非常强，我们将此结论看作一个不可能性定理。作为推论，对于文献中研究的大多数偏好域来讲，都不存在好的机制。更为重要的是，这一结论给了我们寻找可能性定理的方向。我们将在第五章给出确切的可能性定理。

附　　录

一、关于备注3.1的详细说明

我们首先逐一介绍六个偏好域，然后再证明无约束偏好域以及这六个偏好域都是连通的。在这六个偏好域中，单峰偏好域、单谷偏好域以及极大单交叉偏好域是对一维物品而言的，剩下三个都是对多维物品而言的。所谓多维物品就是指每一个物品都被描述成一个向量，其中的具体数值就是某一些属性的情况。比如，一套公寓可能被描述成卧室数量、卫生间数量以及面积所组成的向量。

对于一维物品而言的三个偏好域有一个共同点，那就是存在一个外生给定的线性的排序。我们把它记为“<”。读者可以把物品想象成公寓，而这一线性排序就是按面积对这些公寓的一个客观的排序。给定排序“<”，这三个偏好域定义如下：

如果偏好 $P_i \in \mathbb{P}$满足如下条件，它就是单峰的：$[b < a \leq r_1(P_i)$或者 $r_1(P_1) \leq a < b] \Rightarrow [aP_ib]$。单峰偏好域就是所有单峰偏好的集合。

如果偏好 $P_i \in \mathbb{P}$满足以下条件，它就是单谷的。单谷偏好域就是所有单谷偏好的集合。

$$[b < a \leq r_{|A|}(P_i) \text{或者} r_{|A|}(P_i) \leq a < b] \Rightarrow [bP_ia]$$

为定义极大单交叉偏好域，我们需要“<”之外的一个参数。记“$\lhd$”为一个给定的在偏好集合上的线性排序。如果偏好域$\mathbb{D}$满足以下条件，它就是关于（<，$\lhd$）的单交叉偏好域：对任何物品 a，$b \in A$ 和偏好 P_i，$P_i \in \mathbb{D}$，如果 $a < b$ 并且 $P_i \lhd P_i'$，那么 $[aP_i'b] \Rightarrow [aP_ib]$ 并且 $[bP_ia] \Rightarrow [bP_i'a]$。一个单交叉偏好域是极大的，如果它所包含的偏好数量在单交叉偏好域中是最大

的，也就是包含$\frac{|A|\times(|A|-1)}{2}+1$个偏好。

根据加布里埃尔·卡罗尔（2012）的命题3和命题4以及佐藤信（2013）的命题4.1和命题4.2，我们知道在无约束偏好域、单峰偏好域、极大单交叉偏好域上的任意两个偏好都可以通过一串两两相邻的偏好相连。所以，这三个偏好域都是连通的。对于单谷偏好域而言，其连通性可以由相同的逻辑推导出。

对于多维物品的三个偏好域，我们假设物品A是一个笛卡尔积$A=\times_{s\in M}A^s$并满足条件：（1）$M\equiv\{1, \cdots, m\}$是有限的；（2）$m\geqslant 2$；（3）对任意$s\in M$，A^s包含有限但至少两个元素。这样，一个物品可以被描述成一个向量$a\equiv(a^1, \cdots, a^m)\equiv(a^s, a^{-s})$。读者可以把这里的物品想象成公寓，每一间公寓都被描述成一些属性的向量，比如A^1表示卧室数量，A^2表示面积等。

如果偏好P_i满足以下条件，那么它就是可分割的：对任意$s\in M$以及a^s，$b^s\in A^s$，都有$[(a^s, x^{-s})P_i(b^s, x^{-s})$对某个$x^{-s}\in A^{-s}]\Rightarrow[(a^s, y^{-s})P_i(b^s, y^{-s})$对所有$y^{-s}\in A^{-s}]$。可分割偏好域就是所有可分割偏好的集合。

顶层可分割偏好是比可分割偏好弱的一个偏好约束。具体来讲，假设一个偏好P_i排在最高位次的物品为$r_1(P_i)=x\equiv(x^s)_{s\in M}$，那么$P_i$如果满足以下条件就是顶层可分割的：对任意$s\in M$以及任意$a^s$，$b^s\in A^s$，都有$[a^s=x^s$并且$b^s\neq x^s]\Rightarrow[(a^s, z^{-s})P_i(b^s, z^{-s})$对任意$z^{-s}\in A^{-s}]$。顶层可分割偏好域就是所有顶层可分割偏好的集合。

最后，为定义多维单峰偏好域，我们需要额外的限制：对任意$s\in M$，有一个外生的定义在A^s上的排序，我们记为$<^s$。这样，所有物品A就被安排在一个排序乘积$\times_{s\in M}<^s$上。给定x，$y\in A$，$MB(x, y)=\{a\in A: x^s\leqslant^s a^s\leqslant^s y^s$或者$y^s\leqslant^s a^s\leqslant^s x^s$对任意$s\in M\}$是指在x和y之间的最小的方盒。这样，一个偏好$P_i$如果满足以下条件就是相对于$\times_{s\in M}<^s$多维单峰的：对任意a，$b\in A$都有$[a\in MB(r_1(P_i), b)$并且$a\neq b]\Rightarrow[aP_ib]$。多维单峰偏好域就是所有多维单峰偏好的集合。

相关研究中有另一个相邻的概念（参见Chatterji S and Zeng H，2019）：两个偏好P_i和P_i'如果满足以下两个条件，就被称为是相邻$^+$的：（1）P_i和P_i'都是可分割的；（2）存在一个维度$s\in M$以及a^s，$b^s\in A^s$使得对任意$z^{-s}\in A^{-s}$都有(a^s, z^{-s}) $P_i!$ (b^s, z^{-s})以及(b^s, z^{-s}) $P_i'!$ (a^s, z^{-s})，对任意$(x, y)\notin$

$\{((a^s, z^{-s}), (b^s, z^{-s})): z^{-s} \in A^{-s}\}$都有$[xP_iy] \Leftrightarrow [xP_i'y]$。

该研究中的相邻⁺是本章正文中定义的相邻的特例。该研究证明对我们前面提到的三个多维偏好域而言，在任意两个偏好之间都存在一串偏好相连，而且这串偏好是两两都满足相邻⁺的。因此，这三个偏好域都是连通的。

二、引理 3.1 的证明

假设偏好域$\mathbb{D}$包含单抬升属性或者双抬升属性所定义的三个偏好$\bar{P}_i$，P_i，$\hat{P}_i$。为方便表达，令$B \equiv B(\bar{P}_i, a) = B(P_i, a) = B(\hat{P}_i, b)$。假设在这一偏好域上存在一个随机分配机制$\varphi$：$\mathbb{D}^n \to \mathcal{L}$同时满足防策略性、效率性以及公平对待性。为证明引理 3.1，我们将推导出一个矛盾。为此，我们定义当 n 为偶数时$\bar{n} \equiv \frac{n}{2}$，当 n 为奇数时，$\bar{n} \equiv \frac{n-1}{2}$。我们考虑表 3－1 中的六组偏好组合。读者应当注意，这里所有的偏好组合都是由$\bar{P}_i$，P_i以及$\hat{P}_i$这三个偏好构成的。我们将通过一系列声明推导出φ给这些偏好组合赋予的概率，并最终推导出我们想要的矛盾。

表 3－1　证明所用偏好组合

偏好组合分组Ⅰ：无论 n 是奇数还是偶数	偏好组合分组Ⅱ：无论 n 是奇数还是偶数
$P^{1,0} = (P_1, \cdots, P_n)$ $P^{1,m} = (\hat{P}_1, \cdots, \hat{P}_m, P_{m+1}, \cdots, P_n)$, $m = 1, \cdots, \bar{n}$.	$P^{2,0} = (\hat{P}_1, \cdots, \hat{P}_{n-1}, \hat{P}_n)$ $P^{2,m} = (\hat{P}_1, \cdots, \hat{P}_{n-m}, P_{n-m+1}, \cdots, P_n)$, $m = 1, \cdots, \bar{n}$.
偏好组合分组Ⅲ：无论 n 是奇数还是偶数	偏好组合分组Ⅳ：无论 n 是奇数还是偶数
$P^{3,1} = (P_1, \cdots, P_{n-1}, \bar{P}_n)$ $P^{3,m} = (\hat{P}_1, \cdots, \hat{P}_{m-1}, P_m, \cdots, P_{n-1}, \bar{P}_n)$, $m = 2, \cdots, \bar{n}, \bar{n}+1$.	$P^{4,1} = (\hat{P}_1, \cdots, \hat{P}_{n-2}, \hat{P}_{n-1}, \bar{P}_n)$ $P^{4,m} = (\hat{P}_1, \cdots, \hat{P}_{n-m}, P_{n-m+1}, \cdots, P_{n-1}, \bar{P}_n)$, $m = 2, \cdots, \bar{n}$.
偏好组合分组Ⅴ：n 为奇数	偏好组合分组Ⅵ：n 为奇数
$P^{5,1} = (P_1, \cdots, P_{n-2}, \bar{P}_{n-1}, \bar{P}_n)$ $P^{5,m} = (\hat{P}_1, \cdots, \hat{P}_{m-1}, P_m, \cdots, P_{n-2}, \bar{P}_{n-1}, \bar{P}_n)$, $m = 2, \cdots, \bar{n}, \bar{n}+1$.	$P^{6,2} = (\hat{P}_1, \cdots, \hat{P}_{n-2}, \bar{P}_{n-1}, \bar{P}_n)$ $P^{6,m} = (\hat{P}_1, \cdots, \hat{P}_{n-m}, P_{n-m+1}, \cdots, P_{n-2}, \bar{P}_{n-1},$ $\bar{P}_n)$, $m = 3, \cdots, \bar{n}$.

资料来源：笔者自制。

声明3.1 不论单抬升属性或者双抬升属性，对偏好组合分组Ⅰ－Ⅵ中的所有偏好组合都有：对任意参与人 $i \in I$，$\varphi_{iB}(P) = \frac{k-1}{n}$。

证明： 声明3.1可由重复应用防策略性以及公平对待性推出。

声明3.2 在单抬升属性下，对偏好组合分组Ⅰ－Ⅵ中的所有偏好组合都有：对任意参与人 $i \in I$，$\sum_{x \in \{a,b,c\}} \varphi_{ix}(P) = \frac{3}{n}$。

证明： 声明3.2依然可由重复应用防策略性以及公平对待性推出。

声明3.3 在分组Ⅰ中，对任意 $m = 0, 1, \cdots, \bar{n}$，$\varphi(P^{1,m})$ 赋予 a，b，c，d 的概率如表3－2所示。

表3－2　分组Ⅰ中偏好组合的随机分配

参与人	a	b	c	参与人	a	b	c	d
1，…，m：	0	$\frac{2}{n}$	$\frac{1}{n}$	1，…，m：	0	$\frac{2}{n}$	0	$\frac{2}{n}$
m+1，…，n：	$\frac{1}{n-m}$	$\frac{n-2m}{n(n-m)}$	$\frac{1}{n}$	m+1，…，n：	$\frac{1}{n-m}$	$\frac{n-2m}{n(n-m)}$	$\frac{1}{n-m}$	$\frac{n-2m}{n(n-m)}$
单抬升属性				双抬升属性				

资料来源：笔者自制。

证明： 声明3.3的证明包括两步。在第一步，我们给出在单抬升或者双抬升下，随机分配给a和b赋予的概率。第二步，再给出c和d的概率。

第一步：首先，在 $P^{1,0} = (P_1, \cdots, P_N)$，公平对待性和随机分配的定义可以直接给出，对任意 $i \in I$ 都有 $\varphi_{ia}(P^{1,0}) = \frac{1}{n}$ 和 $\varphi_{ib}(P^{1,0}) = \frac{1}{n}$。接下来我们证明一个数学归纳：给定 $0 < m \leq \bar{n}$，对任意 $0 \leq l < m$，$\varphi(P^{1,l})$ 给a和b赋予的概率如下：

$$\begin{array}{rcc} & a & b \\ 1, \cdots, m: & 0 & \frac{2}{n} \\ m+1, \cdots, n: & \frac{1}{n-l} & \frac{n-2l}{n(n-l)} \end{array}$$

根据防策略性我们有：

$$\varphi_{mb}(P^{1,m})+\varphi_{ma}(P^{1,m})=\varphi_{mb}(P^{1,m-1})+\varphi_{ma}(P^{1,m-1})=\frac{2}{n}。$$

接下来，公平对待性推出对任意 $i=1,\cdots,m$ 都有 $\varphi_{ib}(P^{1,m})+\varphi_{ia}(P^{1,m})=\frac{2}{n}$。因此，根据公平对待性以及随机分配的定义可以推出，对任意 $j=m+1,\cdots,n$ 都有 $\varphi_{jb}(P^{1,m})+\varphi_{ja}(P^{1,m})=\frac{2-m\times\frac{2}{n}}{n-m}=\frac{2}{n}$。接下来，我们有对任意 $i=1,\cdots,m$ 都有 $\varphi_{ia}(P^{1,m})=0$。因为，如若不然，就存在 $i^*\in\{1,\cdots,m\}$ 满足 $\varphi_{i^*a(P^{1,m})}>0$。因为除 $1,\cdots,m$ 之外的参与人都认为 a 比 b 好，效率性推出对任意 $j=m+1,\cdots,n$ 都有 $\varphi_{jb}(P^{1,m})=0$。这样的话，公平对待性以及随机分配的定义推得 $\varphi_{i^*b}(P^{1,m})=\frac{1}{m}$，因此 $\frac{2}{n}=\varphi_{i^*a}(P^{1,m})+\varphi_{i^*b}(P^{1,m})>\frac{1}{m}$。可是如果这样，因为 $m\leqslant\bar{n}$，我们就会有一个冲突：$\frac{2}{n}\leqslant\frac{1}{m}$。所以，我们有对任意 $i=1,\cdots,m$，都有 $\varphi_{ia}(P^{1,m})=0$。这样就可以直接推出对任意 $i=1,\cdots,m$，都有 $\varphi_{ib}(P^{1,m})=\frac{2}{n}$。接下来公平对待性以及随机分配的定义证明，对任意 $j=m+1,\cdots,n$ 都有 $\varphi_{ja}(P^{1,m})=\frac{1}{n-m}$ 以及 $\varphi_{jb}(P^{1,m})=\frac{1-m\times\frac{2}{n}}{n-m}=\frac{n-2m}{n(n-m)}$。这样我们就证明了前述的数学归纳，也因此证明了第一步。

第二步：在单抬升属性下，声明 3.2 直接推出了 c 的概率。在双抬升属性下，类似第一步中的逻辑就可以应用防策略性、效率性、公平对待性以及随机分配的定义，从 $P^{1,0}$ 一步一步推出 $P^{1,\bar{n}}$。因此，我们就有了 c 和 d 的概率分配，也就证明了声明 3.3。

声明 3.4 在分组Ⅱ中，对任意 $m=0,1,\cdots,\bar{n}$，$\varphi(P^{2,m})$，赋予 a，b，c，d 的概率如表 3-3 所示。

表 3-3 分组Ⅱ中偏好组合的随机分配

参与人	a	b	c	参与人	a	b	c	d
$1,\cdots,n-m$:	$\frac{n-2m}{n(n-m)}$	$\frac{1}{n-m}$	$\frac{1}{n}$	$1,\cdots,n-m$:	$\frac{n-2m}{n(n-m)}$	$\frac{1}{n-m}$	$\frac{n-2m}{n(n-m)}$	$\frac{1}{n-m}$

续表

参与人	a	b	c	参与人	a	b	c	d
n−m+1，…，n：	$\frac{2}{n}$	0	$\frac{1}{n}$	n−m+1，…，n：	$\frac{2}{n}$	0	$\frac{2}{n}$	0
单抬升属性				双抬升属性				

资料来源：笔者自制。

证明：用类似声明3.3的证明可得此声明。

声明3.5　在分组Ⅲ中，$\varphi(P^{3,1})$ 赋予a，b，c的概率如下：

$$\begin{array}{rccc} & a & b & c \\ 1,\ \cdots,\ n-1: & \frac{1}{n} & \frac{1}{n-1} & \frac{n-2}{n(n-1)} \\ n: & \frac{1}{n} & 0 & \frac{2}{n} \end{array}$$

证明：证明包括两个步骤。

第一步：根据声明3.3，防策略性推得 $\varphi_{na}(P^{3,1})=\varphi_{na}(P^{1,0})=\frac{1}{n}$。效率性推出 $\varphi_{nb}(P^{3,1})=0$。因此，根据公平对待性以及随机分配的定义，对任意 $i=1,\cdots,n-1$ 都有 $\varphi_{ia}(P^{3,1})=\frac{1}{n}$ 以及 $\varphi_{ib}(P^{3,1})=\frac{1}{n-1}$。

第二步：根据声明3.3，防策略性推得 $\varphi_{nc}(P^{3,1})+\varphi_{nb}(P^{3,1})=\varphi_{nb}(P^{1,0})+\varphi_{nc}(P^{1,0})=\frac{2}{n}$。由于第一部中的 $\varphi_{nb}(P^{3,1})=0$，我们有 $\varphi_{nc}(P^{3,1})=\frac{2}{n}$。因此，根据公平对待性以及随机分配的定义推出对任意 $i=1,\cdots,n-1$ 都有 $\varphi_{ic}(P^{3,1})=\frac{1-\frac{2}{n}}{n-1}=\frac{n-2}{n(n-1)}$。

声明3.6　在分组Ⅲ中，当n为偶数时，任意 $m=2,\cdots,\bar{n}$，当n为奇数时任意 $m=2,\cdots,\bar{n},\bar{n}+1$，$\varphi(P^{3,m})$ 赋予a，b，c的概率如表3-4所示。

表 3-4　　分组Ⅲ中偏好组合的随机分配

参与人	a	b	c
1，…，m-1：	0	$\alpha(m)$	$\frac{3}{n}-\alpha(m)$
m，…，n-1：	$\frac{1}{n-(m-1)}$	$\frac{1-(m-1)\times\alpha(m)}{n-m}$	$\frac{3}{n}-\frac{1}{n-(m-1)}-\frac{1-(m-1)\times\alpha(m)}{n-m}$
n：	$\frac{1}{n-(m-1)}$	0	$\frac{3}{n}-\frac{1}{n-(m-1)}$
单抬升属性			
参与人	a	b	c
1，…，m-1：	0	$\alpha(m)$	0
m，…，n-1：	$\frac{1}{n-(m-1)}$	$\frac{1-(m-1)\times\alpha(m)}{n-m}$	$\frac{n-2}{n(n-m)}$
n：	$\frac{1}{n-(m-1)}$	0	$\frac{2}{n}$
双抬升属性			

注：$\alpha(m)=\frac{2n^2-(2m-1)n+1}{n(n-1)[n-(m-1)]}$。

资料来源：笔者自制。

证明：证明一共分为三个步骤。第一步给出在单抬升以及双抬升属性下 a 和 b 的概率分配。根据声明 3.2，我们也有了在单抬升属性下 c 的概率分配。在第二步中，我们观察到在双抬升属性下随机分配的两个特点。接下来第三步给出双抬升属性下 c 的概率分配。

第一步：根据声明 3.3，防策略性推得 $\varphi_{na}(P^{3,2})=\varphi_{na}(P^{1,1})=\frac{1}{n-1}$。类似地，根据声明 3.5，防策略性推得 $\varphi_{1b}(P^{3,2})+\varphi_{1a}(P^{3,2})=\varphi_{1b}(P^{3,1})+\varphi_{1a}(P^{3,1})=\frac{1}{n}+\frac{1}{n-1}$。接下来，效率性可推得 $\varphi_{nb}(P^{3,2})=0$ 以及 $\varphi_{1a}(P^{3,2})=0$。因此，$\varphi_{1b}(P^{3,2})=\frac{1}{n}+\frac{1}{n-1}=\frac{2n-1}{n(n-1)}=\alpha(2)$。最后，根据公平对待性以及随机分配的定义推得，对任意 $i=2$，…，$n-1$ 都有 $\varphi_{ia}(P^{3,2})=\frac{1}{n-1}$ 以及 $\varphi_{ib}(P^{3,2})=\frac{1-(2-1)\alpha(2)}{n-2}$。

我们接下来证明一个数学归纳：给定 $2<m\leq\bar{n}$（如果 $\bar{n}=\frac{n}{2}$），或 $2<m\leq\bar{n}+1\left(\text{如果 }\bar{n}=\frac{n-1}{2}\right)$，对任意 $2\leq l<m$，$\varphi(P^{3,l})$ 在 a 和 b 的概率如下：

$$\begin{array}{lcc} & a & b \\ 1,\ \cdots,\ l-1: & 0 & \alpha(l) \\ l,\ \cdots,\ n-1: & \dfrac{1}{n-(l-1)} & \dfrac{1-(l-1)\times\alpha(l)}{n-l} \\ n: & \dfrac{1}{n-(l-1)} & 0 \end{array}$$

根据声明 3.3，防策略性推出 $\varphi_{na}(P^{3,m})=\varphi_{na}(P^{1,m-1})=\frac{1}{n-(m-1)}$。根据效率性，我们有 $\varphi_{nb}(P^{3,m})=0$。接下来，根据防策略性我们有：

$$\begin{aligned}\varphi_{m-1b}(P^{3,m})+\varphi_{m-1a}(P^{3,m})&=\varphi_{m-1a}(P^{3,m-1})+\varphi_{m-1b}(P^{3,m-1})\\&=\frac{1}{n-(m-2)}+\frac{1-(m-2)\times\alpha(m-1)}{n-(m-1)}\\&=\frac{1}{n-(m-2)}+\frac{1-(m-2)\times\left[\frac{2n^2-[2(m-1)-1]n+1}{n(n-1)[n-(m-2)]}\right]}{n-(m-1)}\\&=\frac{2n^2-(2m-1)n+1}{n(n-1)[n-(m-1)]}\\&=\alpha(m)\end{aligned}$$

接下来，公平对待性推出，对任意 $i=1,\cdots,m-1$ 都有 $\varphi_{ib}(P^{3,m})+\varphi_{ia}(P^{3,m})=\alpha(m)$。

我们声明对任意 $i=1,\cdots,m-1$ 都有 $\varphi_{ia}(P^{3,m})=0$。如若不然，就存在 $i^*\in\{1,\cdots,m-1\}$ 满足 $\varphi_{i^*a}(P^{3,m})>0$。因为除 $1,\cdots,m-1$ 之外的所有参与人都认为 a 比 b 好，效率性推出对任意 $j=m,\cdots,n$ 都有 $\varphi_{jb}(P^{3,m})=0$。接下来，根据公平对待性以及随机分配的定义推出 $\varphi_{i^*b}(P^{3,m})=\frac{1}{m-1}$。因此，$\alpha(m)=\varphi_{i^*a}(P^{3,m})+\varphi_{i^*b}(P^{3,m})>\frac{1}{m-1}$。如果这样，我们就可以推出下面的冲突。

$$\frac{1}{m-1}-\alpha(m)=\frac{1}{m-1}-\frac{2n^2-(2m-1)n+1}{n(n-1)[n-(m-1)]}$$

$$=\frac{n(n-m)[n-2(m-1)]-(m-1)}{(m-1)n(n-1)[n-(m-1)]}$$

$$\geqslant\begin{cases}\dfrac{2n^2-n+2}{2(m-1)n(n-1)[n-(m-1)]}>0，n\text{ 为偶数}\\ \dfrac{(n-1)^2}{2(m-1)n(n-1)[n-(m-1)]}>0，n\text{ 为奇数}\end{cases}$$

因此，对任意 $i=1，\cdots，m-1$ 都有 $\varphi_{ia}(P^{3,m})=0$。据此可得对任意 $i=1，\cdots，m-1$ 都有 $\varphi_{ib}(P^{3,m})=\alpha(m)$。最后，根据公平对待性以及随机分配的定义，对任意 $j=m，\cdots，n-1$ 都有 $\varphi_{ja}(P^{3,m})=\dfrac{1-\dfrac{1}{n-(m-1)}}{n-m}=\dfrac{1}{n-(m-1)}$ 以及 $\varphi_{jb}(P^{3,m})=\dfrac{1-(m-1)\times\alpha(m)}{n-m}$。这样，我们就证明 $\varphi(P^{3,m})$ 赋予 a 和 b 的概率如下：

	a	b
$1，\cdots，m-1$：	0	$\alpha(m)$
$m，\cdots，n-1$：	$\dfrac{1}{n-(m-1)}$	$\dfrac{1-(m-1)\alpha(m)}{n-m}$
n：	$\dfrac{1}{n-(m-1)}$	0

这既证明了我们想要的数学归纳，也证明了第一步。

第二步：在单抬升属性下，根据声明 3.2，就可推得 c 的概率分配。接下来推出在双抬升属性下 c 的概率分配。首先，给出以下两个观察：对任意 $m=2，\cdots，\bar{n}$（如果 n 是偶数）或 $m=2，\cdots，\bar{n}，\bar{n}+1$（如果 n 是奇数），在偏好组合 $P^{3,m}=(\hat{P}_1，\cdots，\hat{P}_{m-1}，P_m，\cdots，P_{n-1}，\bar{P}_n)$，如果 $r_{k+3}(\bar{P}_i)=d$，对任意 $i\in I$ 都有 $\sum\limits_{x\in\{a,b,c,d\}}\varphi_{ix}(P^{3,m})=\dfrac{4}{n}$（观察 3.1）；如果 $r_{k+3}(\bar{P}_i)\neq d$，对任意 $i\in I$ 都有 $\varphi_{ic}(P^{3,m})+\varphi_{id}(P^{3,m})=\dfrac{2}{n}$（观察 3.2）。

观察 3.1 类似于声明 3.2。我们证明观察 3.2。令 $r_{k+3}(\bar{P}_i)\neq d$，效率性推得 $\varphi_{nd}(P^{3,2})=0$。接下来，根据声明 3.3，防策略性推得 $\varphi_{nc}(P^{3,2})+\varphi_{nb}(P^{3,2})=\varphi_{nb}(P^{1,1})+\varphi_{nc}(P^{1,1})=\dfrac{2}{n}$。因为在第一步中得出的 $\varphi_{nb}(P^{3,2})=0$，我们有

$\varphi_{nc}(P^{3,2})=\frac{2}{n}$。因此 $\varphi_{nc}(P^{3,2})+\varphi_{nd}(P^{3,2})=\frac{2}{n}$。接下来，考虑偏好组合 $P^{3,1}=(P_1,\cdots,P_{n-1},\bar{P}_n)$。因为 $r_{k+3}(\bar{P}_i)\neq d$，效率性推得 $\varphi_{nd}(P^{3,1})=0$。接下来，公平对待性以及随机分配的定义推得 $\varphi_{1d}(P^{3,1})=\frac{1}{n-1}$。所以根据声明 3.5 我们有 $\varphi_{1c}(P^{3,1})+\varphi_{1d}(P^{3,1})=\frac{n-2}{n(n-1)}+\frac{1}{n-1}=\frac{2}{n}$。因此，防策略性推得 $\varphi_{1d}(P^{3,2})+\varphi_{1c}(P^{3,2})=\varphi_{1c}(P^{3,1})+\varphi_{1d}(P^{3,1})=\frac{2}{n}$。最后，因为公平对待性以及随机分配的定义，对任意 $i=2,\cdots,n-1$ 都有 $\varphi_{ic}(P^{3,2})+\varphi_{id}(P^{3,2})=\frac{2-\frac{2}{n}-\frac{2}{n}}{n-2}=\frac{2}{n}$。

接下来，我们证明一个数学归纳：给定 $2<m\leqslant\bar{n}$（如果 n 是偶数），或 $2<m\leqslant\bar{n}+1$（如果 n 是奇数），给定 $2\leqslant l<m$，对任意 $i\in I$ 有 $\varphi_{ic}(P^{3,l})+\varphi_{id}(P^{3,l})=\frac{2}{n}$。我们证明对任意 $i\in I$ 都有 $\varphi_{ic}(P^{3,m})+\varphi_{id}(P^{3,m})=\frac{2}{n}$。首先，根据效率性，有 $\varphi_{nd}(P^{3,m})=0$。接下来，根据声明 3.3，防策略性推得 $\varphi_{nc}(P^{3,m})+\varphi_{nb}(P^{3,m})=\varphi_{nb}(P^{1,m-1})+\varphi_{nc}(P^{1,m-1})=\frac{2}{n}$。因为在第一步中推出 $\varphi_{nb}(P^{3,m})=0$，我们有 $\varphi_{nc}(P^{3,m})=\frac{2}{n}$，因此，$\varphi_{nc}(P^{3,m})+\varphi_{nd}(P^{3,m})=\frac{2}{n}$。再接下来，根据防策略性，我们有 $\varphi_{m-1c}(P^{3,m})+\varphi_{m-1d}(P^{3,m})=\varphi_{m-1c}(P^{3,m-1})+\varphi_{m-1d}(P^{3,m-1})=\frac{2}{n}$，因此，公平对待性推出对任意 $i=1,\cdots,m-1$ 都有 $\varphi_{ic}(P^{3,m})+\varphi_{id}(P^{3,m})=\frac{2}{n}$。最后，公平对待性以及随机分配的定义推得，对任意 $j=m,\cdots,n-1$ 都有 $\varphi_{jc}(P^{3,m})+\varphi_{jd}(P^{3,m})=\frac{2-\frac{2}{n}-(m-1)\frac{2}{n}}{n-m}=\frac{2}{n}$。这证明了我们想要的数学归纳，也证明了观察 3.2。

第三步：我们现在可以推得 c 的概率分配了。

首先，根据声明 3.3，防策略性推得 $\varphi_{nc}(P^{3,2})+\varphi_{nb}(P^{3,2})=\varphi_{nb}(P^{1,1})+\varphi_{nc}(P^{1,1})=\frac{2}{n}$。根据第一步中的 $\varphi_{nb}(P^{3,2})=0$，我们有 $\varphi_{nc}(P^{3,2})=\frac{2}{n}$。接下

来，效率性推得 $\varphi_{1c}(P^{3,2})=0$。因此，公平对待性以及随机分配的定义推得对任意 $i=2,\cdots,n-1$ 都有 $\varphi_{ic}(P^{3,2})=\dfrac{1-\frac{2}{n}}{n-2}=\dfrac{n-2}{n(n-2)}$。

接下来，我们证明一个数学归纳：给定 $2<m\leqslant\bar{n}$（若果 n 是偶数），或 $2<m\leqslant\bar{n}+1$（如果 n 是奇数），对任意 $2\leqslant l<m$ 都有：(1) 对任意 $i=1,\cdots,l-1$ 有 $\varphi_{ic}(P^{3,l})=0$；(2) 对任意 $j=l,\cdots,n-1$ 有 $\varphi_{jc}(P^{3,l})=\dfrac{n-2}{n(n-l)}$；(3) $\varphi_{nc}(P^{3,l})=\dfrac{2}{n}$。我们证明对任意 $i=1,\cdots,m-1$ 有 $\varphi_{ic}(P^{3,m})=0$；对任意 $j=m,\cdots,n-1$ 有 $\varphi_{jc}(P^{3,m})=\dfrac{n-2}{n(n-m)}$ 以及 $\varphi_{nc}(P^{3,m})=\dfrac{2}{n}$。

首先，根据声明 3.3，防策略性推得 $\varphi_{nc}(P^{3,m})+\varphi_{nb}(P^{3,m})=\varphi_{nb}(P^{1,m-1})+\varphi_{nc}(P^{1,m-1})=\dfrac{2}{n}$。由于第一步中推出的 $\varphi_{nb}(P^{3,m})=0$，我们有 $\varphi_{nc}(P^{3,m})=\dfrac{2}{n}$。接下来，假设存在 $i^*\in\{1,\cdots,m-1\}$ 满足 $\varphi_{i^*c}(P^{3,m})>0$。因为除 $1,\cdots,m-1$ 外的所有参与人都认为 c 比 d 好，那么效率性推得对任意 $j=m,\cdots,n$ 都有 $\varphi_{jd}(P^{3,m})=0$。接下来，公平对待性以及随机分配的定义推得 $\varphi_{m-1d}(P^{3,m})=\dfrac{1}{m-1}$。所以，$\varphi_{m-1d}(P^{3,m})+\varphi_{m-1c}(P^{3,m})>\dfrac{1}{m-1}$。如果 $r_{k+3}(\bar{P}_i)=d$，根据观察 3.1，我们有 $\dfrac{4}{n}=[\varphi_{m-1b}(P^{3,m})+\varphi_{m-1a}(P^{3,m})]+[\varphi_{m-1d}(P^{3,m})+\varphi_{m-1c}(P^{3,m})]>\alpha(m)+\dfrac{1}{m-1}$。

但是，我们又有以下不等式：如果 n 是偶数，那么

$$\left[\alpha(m)+\frac{1}{m-1}\right]-\frac{4}{n}=\frac{2n^2-(2m-1)n+1}{n(n-1)[n-(m-1)]}+\frac{1}{m-1}-\frac{4}{n}$$

$$\geqslant\frac{2n^2-(2m-1)n+1}{n(n-1)[n-(m-1)]}+\frac{2}{n-2}-\frac{4}{n}$$

$$=\frac{5n^2-6mn+n+8m-10}{n(n-1)(n-2)[n-(m-1)]}$$

$$\geqslant\frac{2n^2+n+8m-10}{n(n-1)(n-2)[n-(m-1)]}>0$$

如果 n 是奇数，那么

$$\left[\alpha(m)+\frac{1}{m-1}\right]-\frac{4}{n}=\frac{2n^2-(2m-1)n+1}{n(n-1)[n-(m-1)]}+\frac{1}{m-1}-\frac{4}{n}$$
$$\geqslant\frac{2n^2-(2m-1)n+1}{n(n-1)[n-(m-1)]}+\frac{2}{n-1}-\frac{4}{n}$$
$$=\frac{3n+5-4m}{n(n-1)[n-(m-1)]}$$
$$\geqslant\frac{n+3}{n(n-1)[n-(m-1)]}>0$$

这样，我们就有了冲突。因此，如果 $r_{k+3}(\bar{P}_i)\neq d$，我们有 $\frac{2}{n}=\varphi_{m-1d}(P^{3,m})+\varphi_{m-1c}(P^{3,m})>\frac{1}{m-1}$。但是，很显然 $\frac{2}{n}<\frac{1}{m-1}$。所以我们有了冲突。因此对任意 $i=1, \cdots, m-1$ 都有 $\varphi_{ic}(P^{3,m})=0$。最后，公平对待性以及随机分配的定义推出对任意 $j=m, \cdots, n-1$ 都有 $\varphi_{jc}(P^{3,m})=\frac{1-\frac{2}{n}}{n-m}=\frac{n-2}{n(n-m)}$。这证明了我们想要的数学归纳，也证明了声明 3.6。

声明 3.7　在分组Ⅳ中，对任意 $m=1, \cdots, \bar{n}$，$\varphi(P^{4,m})$ 赋予 a，b，c 的概率如表 3－5 所示。

表 3－5　　分组Ⅳ中偏好组合的随机分配

参与人	a	b	c	参与人	a	b	c
1，…，n－m:	$\frac{n-2m}{n(n-m)}$	$\frac{1}{n-m}$	$\frac{1}{n}$	1，…，n－m:	$\frac{n-2m}{n(n-m)}$	$\frac{1}{n-m}$	$\frac{n-2m}{n(n-m)}$
n－m＋1，…，n－1:	$\frac{2}{n}$	0	$\frac{1}{n}$	n－m＋1，…，n－1:	$\frac{2}{n}$	0	$\frac{2}{n}$
n:	$\frac{2}{n}$	0	$\frac{1}{n}$	n:	$\frac{2}{n}$	0	$\frac{2}{n}$
单抬升属性				双抬升属性			

资料来源：笔者自制。

证明： 证明包括两步。在第一步我们推出在单抬升以及双抬升属性下的 a 和 b 的概率分配。根据声明 3.2，我们就得到了在单抬升属性下 c 的概率分配。

在第二步中，我们推得在双抬升属性下 c 的概率分配。

第一步：根据声明 3.4，防策略性推得 $\varphi_{na}(P^{4,1})=\varphi_{na}(P^{2,1})=\frac{2}{n}$，效率性推得 $\varphi_{nb}(P^{4,1})=0$，公平对待性以及随机分配的定义推得，对任意 $i=1,\cdots,n-1$ 都有 $\varphi_{ib}(P^{4,1})=\frac{1}{n-1}$以及 $\varphi_{ia}(P^{4,1})=\frac{1-\frac{2}{n}}{n-1}=\frac{n-2}{n(n-1)}$。

接下来，我们证明一个数学归纳：给定 $1<m\leqslant\bar{n}$，对任意 $2\leqslant l<m$，$\varphi(P^{4,l})$ 给 a 和 b 的概率分配如下：

	a	b
$1,\cdots,n-l$:	$\frac{n-2l}{n(n-l)}$	$\frac{1}{n-l}$
$n-l+1,\cdots,n-1$:	$\frac{2}{n}$	0
n:	$\frac{2}{n}$	0

根据声明 3.4，防策略性推得 $\varphi_{na}(P^{4,m})=\varphi_{na}(P^{2,m})=\frac{2}{n}$。接下来，效率性推得 $\varphi_{nb}(P^{4,m})=0$，防策略性推得 $\varphi_{n-m+1a}(P^{4,m})+\varphi_{n-m+1b}(P^{4,m})=\varphi_{n-m+1b}(P^{4,m-1})+\varphi_{n-m+1a}(P^{4,m-1})=\frac{2}{n}$。因此，公平对待性可以推出对任意 $j=n-m+1,\cdots,n-1$ 都有 $\varphi_{ja}(P^{4,m})+\varphi_{jb}(P^{4,m})=\frac{2}{n}$。假设存在 $j^*\in\{n-m+1,\cdots,n-1\}$ 满足 $\varphi_{j^*b}(P^{4,m})>0$，因为除 $n-m+1,\cdots,n-1$ 外的所有参与人都认为 b 比 a 好，效率性推得，对任意 $i=1,\cdots,n-m$，n 都有 $\varphi_{ia}(P^{4,m})=0$。接下来，公平对待性以及随机分配的定义推得 $\varphi_{j^*a}(P^{4,m})=\frac{1-\frac{2}{n}}{m-1}=\frac{n-2}{n(m-1)}$。因此，我们得到$\frac{2}{n}=\varphi_{j^*a}(P^{4,m})+\varphi_{j^*b}(P^{4,m})>\frac{n-2}{n(m-1)}$。但是，很显然，我们有$\frac{2}{n}\leqslant\frac{n-2}{n(m-1)}$。所以，对任意 $j=n-m+1,\cdots,n-1$ 都有 $\varphi_{jb}(P^{4,m})=0$。因此，对任意 $j=n-m+1,\cdots,n-1$ 都有 $\varphi_{ja}(P^{4,m})=\frac{2}{n}$。最后，公平对待性以及随机分配的定义推得对任意 $i=1,\cdots,n-m$ 都有

$\varphi_{ib}(P^{4,m})=\frac{1}{n-m}$以及$\varphi_{ia}(P^{4,m})=\frac{1-m\times\frac{2}{n}}{n-m}=\frac{n-2m}{n(n-m)}$。综上，我们知道$\varphi(P^{4,m})$在a和b的概率分配如下：

$$\begin{array}{rcc} & a & b \\ 1,\cdots,n-m: & \frac{n-2m}{n(n-m)} & \frac{1}{n-m} \\ n-m+1,\cdots,n-1: & \frac{2}{n} & 0 \\ n: & \frac{2}{n} & 0 \end{array}$$

这样我们就证明了想要的数学归纳以及第一步。

第二步：在单抬升属性下，声明3.2可以直接给出c的概率分配。所以我们接下来只关注双抬升属性。

根据声明3.4，防策略性推出$\varphi_{nc}(P^{4,1})+\varphi_{nb}(P^{4,1})=\varphi_{nc}(P^{2,1})+\varphi_{nb}(P^{2,1})=\frac{2}{n}$。因为在第一步中$\varphi_{nb}(P^{4,1})=0$，我们有$\varphi_{nc}(P^{4,1})=\frac{2}{n}$。接下来，公平对待性以及随机分配的定义推得$\varphi_{ic}(P^{4,1})=\frac{1-\frac{2}{n}}{n-1}=\frac{n-2}{n(n-1)}$。同时，效率性推得$\varphi_{nd}(P^{4,1})=0$。这样，根据公平对待性以及随机分配的定义可得对任意$i=1,\cdots,n-1$都有$\varphi_{id}(P^{4,1})=\frac{1}{n-1}$。因此，对任意$i\in I$都有$\varphi_{ic}(P^{4,1})+\varphi_{id}(P^{4,1})=\frac{2}{n}$。

接下来证明一个数学归纳：给定$1<m\leqslant\bar{n}$，对任意$1\leqslant l<m$都有：

- $\varphi_{ic}(P^{4,l})=\frac{n-2l}{n(n-l)}$，$\forall i=1,\cdots,n-l$，

  $\varphi_{jc}(P^{4,l})=\frac{2}{n}$，$\forall j=n-l+1,\cdots,n-1$，

  $\varphi_{nc}(P^{4,l})=\frac{2}{n}$，
- $\varphi_{ic}(P^{4,l})+\varphi_{id}(P^{4,l})=\frac{2}{n}$，$\forall i\in I$。

我们将证明：(1) 对任意 $i=1, \cdots, n-m$ 都有 $\varphi_{ic}(P^{4,m})=\frac{n-2m}{n(n-m)}$，对任意 $j=n-m+1, \cdots, n-1$ 都有 $\varphi_{jc}(P^{4,m})=\frac{2}{n}$，以及 $\varphi_{nc}(P^{4,m})=\frac{2}{n}$；(2) 对任意 $i\in I$ 有 $\varphi_{ic}(P^{4,m})+\varphi_{id}(P^{4,m})=\frac{2}{n}$。

根据声明 3.4，防策略性推出 $\varphi_{nc}(P^{4,m})+\varphi_{nb}(P^{4,m})=\varphi_{nc}(P^{2,m})+\varphi_{nb}(P^{2,m})=\frac{2}{n}$。因为第一步中我们已推出 $\varphi_{nb}(P^{4,m})=0$，我们有 $\varphi_{nc}(P^{4,m})=\frac{2}{n}$。这里请注意，根据声明 3.4 以及 P_i 和 $\bar{P}_i$ 位次最高的 $k+2$ 个物品是一样的这一点，对某个 $\nu\geqslant k+3$，我们有 $d=r_{k+3}(P_i)$ 以及 $d=r_{\nu}(\bar{P}_i)$。给定这些，防策略性推出 $0=\varphi_{nd}(P^{2,m})\geqslant\varphi_{nd}(P^{4,m})$。因此，$\varphi_{nd}(P^{4,m})=0$。综上，我们有 $\varphi_{nc}(P^{4,m})+\varphi_{nd}(P^{4,m})=\frac{2}{n}$。

接下来，防策略性推出 $\varphi_{n-m+1c}(P^{4,m})+\varphi_{n-m+1d}(P^{4,m})=\varphi_{n-m+1d}(P^{4,m-1})+\varphi_{n-m+1c}(P^{4,m-1})=\frac{2}{n}$。据此，公平对待性推出，对任意 $j=n-m+1, \cdots, n-1$ 都有 $\varphi_{jc}(P^{4,m})+\varphi_{jd}(P^{4,m})=\frac{2}{n}$。这样，根据公平对待性以及随机分配的定义，对任意 $i=1, \cdots, n-m$ 都有 $\varphi_{ic}(P^{4,m})+\varphi_{id}(P^{4,m})=\frac{2-(m-1)\frac{2}{n}-\frac{2}{n}}{n-m}=\frac{2}{n}$。所以，对任意 $i\in I$ 都有 $\varphi_{ic}(P^{4,m})+\varphi_{id}(P^{4,m})=\frac{2}{n}$。

接下来，假设存在 $j^*\in\{n-m+1, \cdots, n-1\}$ 满足 $\varphi_{j^*d}(P^{4,m})>0$。因为除 $n-m+1, \cdots, n-1$ 外的所有参与人都认为 d 比 c 好，效率性推出对任意 $i=1, \cdots, n-m$, n 都有 $\varphi_{ic}(P^{4,m})=0$。有了这些，公平对待性以及随机分配的定义可推出 $\varphi_{j^*c}(P^{4,m})=\frac{1-\frac{2}{n}}{m-1}=\frac{n-2}{n(m-1)}$。因此，$\frac{2}{n}=\varphi_{j^*c}(P^{4,m})+\varphi_{j^*d}(P^{4,m})>\frac{n-2}{n(m-1)}$。但如果这样，我们就能推出一个冲突：$\frac{2}{n}\leqslant\frac{n-2}{n(m-1)}$。因此，对任意 $j=n-m+1, \cdots, n-1$ 我们都有 $\varphi_{jd}(P^{4,m})=0$ 以及对任意 $j=n-$

$m+1$，…，$n-1$ 都有 $\varphi_{jc}(P^{4,m})=\frac{2}{n}$。

最后，根据公平对待性以及随机分配的定义，对任意 $i=1$，…，$n-m$ 都有 $\varphi_{ic}(P^{4,m})=\frac{1-(m-1)\frac{2}{n}-\frac{2}{n}}{n-m}=\frac{n-2m}{n(n-m)}$。这就证明了我们想要的数学归纳，从而也就证明了声明3.7。

我们现在就有了当 n 为偶数时的矛盾。注意在 $P^{3,\bar{n}}$ 和 $P^{4,\bar{n}}$ 下，有且只有一个参与人，也就是 $\bar{n}$ 的偏好是不同的。他在这两个组合中的偏好分别为 $P^{3,\bar{n}}_{\bar{n}}=P_i$ 和 $P^{4,\bar{n}}_{\bar{n}}=\hat{P}_i$。那么防策略性要求 $\varphi_{\bar{n}a}(P^{3,\bar{n}})+\varphi_{\bar{n}b}(P^{3,\bar{n}})=\varphi_{\bar{n}a}(P^{4,\bar{n}})+\varphi_{\bar{n}b}(P^{4,\bar{n}})$。根据声明3.6和声明3.7，我们就有以下矛盾：

$$0=[\varphi_{\bar{n}a}(P^{3,\bar{n}})+\varphi_{\bar{n}b}(P^{3,\bar{n}})]-[\varphi_{\bar{n}a}(P^{4,\bar{n}})+\varphi_{\bar{n}b}(P^{4,\bar{n}})]$$

$$=\left[\frac{1}{n-\left(\frac{n}{2}-1\right)}+\frac{1-\left(\frac{n}{2}-1\right)\alpha\left(\frac{n}{2}\right)}{n-\frac{n}{2}}\right]-\frac{2}{n}=\frac{2}{n^2(n-1)}。$$

这一矛盾证明了，当 n 是偶数时，如果偏好域满足单抬升属性或者双抬升属性，那么就不存在同时满足防策略性、效率性以及公平对待性的随机分配机制。

对于 n 为奇数的情况，我们需要更多的声明。

声明3.8　在分组Ⅲ中，对任意 $m=2$，…，$\bar{n}$，$\bar{n}+1$，都有 $\varphi_{n-1b}(P^{3,m})+\varphi_{n-1c}(P^{3,m})<\frac{2}{n-1}$。

证明：我们首先考虑在单抬升属性下的情况。固定一个 $2\leqslant m\leqslant \bar{n}+1$。根据声明3.6我们有 $\varphi_{n-1b}(P^{3,m})+\varphi_{n-1c}(P^{3,m})=\frac{3}{n}-\frac{1}{n-(m-1)}$。因此，我们可以推出 $\frac{3}{n}-\frac{1}{n-(m-1)}-\frac{2}{n-1}\leqslant\frac{3}{n}-\frac{1}{n-1}-\frac{2}{n-1}<0$。

接下来我们考虑双抬升属性的情况。根据声明3.6对任意 $m=2$，…，$\bar{n}$，$\bar{n}+1$，我们都有：

$$\frac{2}{n-1}-[\varphi_{n-1b}(P^{3,m})+\varphi_{n-1c}(P^{3,m})]$$

$$=\frac{2}{n-1}-\left[\frac{1-(m-1)\times\alpha(m)}{n-m}+\frac{n-2}{n(n-m)}\right]$$

$$=\frac{2}{n-1}-\frac{2(n-1)^2[n-(m-1)]-(m-1)[2n^2-(2m-1)n+1]}{n(n-1)(n-m)[n-(m-1)]}$$

$$=\frac{2n-3m+3}{n(n-m)[n-(m-1)]}\geqslant\frac{n+3}{2n(n-m)[n-(m-1)]}>0。$$

这就证明了声明3.8。

声明3.9　在分组V中，$\varphi(P^{5,1})$ 赋予a，b，c的概率如下：

	a	b	c
1，…，n−2：	$\frac{1}{n}$	$\frac{1}{n-2}$	$\frac{n-4}{n(n-2)}$
n−1，n：	$\frac{1}{n}$	0	$\frac{2}{n}$

证明：根据声明3.5，防策略性推出 $\varphi_{n-1a}(P^{5,1})=\varphi_{n-1a}(P^{3,1})=\frac{1}{n}$ 以及 $\varphi_{n-1c}(P^{5,1})+\varphi_{n-1b}(P^{5,1})=\varphi_{n-1b}(P^{3,1})+\varphi_{n-1c}(P^{3,1})=\frac{2}{n}$。接下来，假设 $\varphi_{n-1b}(P^{5,1})>0$。因为除n−1和n外的所有参与人都认为b比c好，效率性就可推出对任意i=1，…，n−2都有 $\varphi_{ic}(P^{5,1})=0$。据此，公平对待性以及随机分配的定义就可以推出 $\varphi_{n-1c}(P^{5,1})=\frac{1}{2}$。所以我们有了以下冲突：$\frac{2}{n}=\varphi_{n-1c}(P^{5,1})+\varphi_{n-1b}(P^{5,1})>\frac{1}{2}$。因此，我们有 $\varphi_{n-1b}(P^{5,1})=0$，而这又可以推出 $\varphi_{n-1c}(P^{5,1})=\frac{2}{n}$。接下来，公平对待性就可以推出 $\varphi_{na}(P^{5,1})=\frac{1}{n}$，$\varphi_{nb}(P^{5,1})=0$ 和 $\varphi_{nc}(P^{5,1})=\frac{2}{n}$。最后，根据公平对待性以及随机分配的定义，我们有 $\varphi_{ia}(P^{5,1})=\frac{1-2\times\frac{1}{n}}{n-2}=\frac{1}{n}$，$\varphi_{ib}(P^{5,1})=\frac{1}{n-2}$ 以及对任意i=1，…，n−2都有 $\varphi_{ic}(P^{5,1})=\frac{1-2\times\frac{2}{n}}{n-2}=\frac{n-4}{n(n-2)}$。

声明3.10　在分组V中，对任意m=2，…，$\bar{n}$，$\bar{n}+1$，$\varphi(P^{5,m})$ 赋予a和b的概率如下：

$$\begin{array}{lcc} & a & b \\ 1,\cdots,m-1: & 0 & \gamma(m) \\ m,\cdots,n-2: & \dfrac{1}{n-(m-1)} & \dfrac{1-(m-1)\gamma(m)}{n-(m+1)} \\ n-1,n: & \dfrac{1}{n-(m-1)} & 0 \end{array}$$

这里，$\gamma(m)=\dfrac{2n^4-2(2m+1)n^3+2(m+1)^2n^2-2(m^2+m+1)n+4}{n(n-1)(n-2)[n-(m-1)](n-m)}$。

证明：证明包括三步。第一步给出了 a 和 b 在 $n-1$ 和 n 之间的分配。第二步我们证明函数 $\gamma(m)$ 从 $m=2$ 到 $m=\bar{n}+1$ 是递减的。第三步给出了 a 和 b 在 1，…，$m-1$ 以及 m，…，$n-2$ 之间的分配。

第一步：给定 $2\leqslant m\leqslant\bar{n}+1$。根据声明 3.6，防策略性可推出 $\varphi_{n-1a}(P^{5,m})=\varphi_{n-1a}(P^{3,m})=\dfrac{1}{n-(m-1)}$ 以及 $\varphi_{n-1c}(P^{5,m})+\varphi_{n-1b}(P^{5,m})=\varphi_{n-1b}(P^{3,m})+\varphi_{n-1c}(P^{3,m})$。根据声明 3.8，我们有 $\varphi_{n-1c}(P^{5,m})+\varphi_{n-1b}(P^{5,m})<\dfrac{2}{n-1}$。假设 $\varphi_{n-1b}(P^{5,m})>0$，因为除 $n-1$ 和 n 外的所有参与人都认为 b 比 c 好，效率性可以推出对任意 $i=1,\cdots,n-2$ 都有 $\varphi_{ic}(P^{5,m})=0$。那么，接下来公平对待性以及随机分配的定义可以推出 $\varphi_{n-1c}(P^{5,m})=\dfrac{1}{2}$，因此，我们就有了一个冲突：$\dfrac{2}{n-1}>\varphi_{n-1c}(P^{5,m})+\varphi_{n-1b}(P^{5,m})>\dfrac{1}{2}$，所以我们有 $\varphi_{n-1b}(P^{5,m})=0$。这样的话，公平对待性就可以推出 $\varphi_{na}(P^{5,m})=\dfrac{1}{n-(m-1)}$ 以及 $\varphi_{nb}(P^{5,m})=0$。综上，对任意 $m=2,\cdots,\bar{n},\bar{n}+1$，$\varphi(P^{5,m})$ 对 a 和 b 在参与人 $n-1$ 和 n 的分配如下：

$$\begin{array}{lcc} & a & b \\ n-1,n: & \dfrac{1}{n-(m-1)} & 0 \end{array}$$

第二步：给定 $3\leqslant m\leqslant\bar{n}+1$，我们有

$$\begin{aligned}\gamma(m)-\gamma(m-1)&=\frac{2n^4-2(2m+1)n^3+2(m+1)^2n^2-2(m^2+m+1)n+4}{n(n-1)(n-2)[n-(m-1)](n-m)}\\&\quad-\frac{2n^4-2(2m-1)n^3+2m^2n^2-2(m^2-m+1)n+4}{n(n-1)(n-2)[n-(m-2)][n-(m-1)]}\\&=\frac{-2(n^2-mn+2)}{n(n-1)[n-(m-2)][n-(m-1)](n-m)}<0。\end{aligned}$$

因此，$\gamma(m)$ 从 $m=2$ 到 $m=\bar{n}+1$ 是递减的。

第三步：首先，根据声明 3.9，防策略性推出 $\varphi_{1b}(P^{5,2})+\varphi_{1a}(P^{5,2})=\varphi_{1b}(P^{5,1})+\varphi_{1a}(P^{5,1})=\frac{1}{n}+\frac{1}{n-2}=\gamma(2)$。接下来，因为效率性推出 $\varphi_{1a}(P^{5,2})=0$，我们有 $\varphi_{1b}(P^{5,2})=\gamma(2)$。因此，根据公平对待性以及随机分配的定义，我们有 $\varphi_{ia}(P^{5,2})=\frac{1-2\times\frac{1}{n-(2-1)}}{n-3}=\frac{1}{n-(2-1)}$ 以及对任意 $i=2,\cdots,n-2$ 都有 $\varphi_{ib}(P^{5,2})=\frac{1-(2-1)\times\gamma(2)}{n-(2+1)}$。

接下来我们证明一个数学归纳：给定 $2<m\leqslant\bar{n}+1$，对任意 $2\leqslant l<m$，$\varphi(P^{5,l})$ 给出的 a 和 b 在参与人 1，…，$l-1$ 以及 l，…，$n-2$ 中的分配如下所示：

	a	b
$1,\cdots,l-1$：	0	$\gamma(l)$
$l,\cdots,n-2$：	$\frac{1}{n-(l-1)}$	$\frac{1-(l-1)\gamma(l)}{n-(l+1)}$

首先，防策略性给出：

$$
\begin{aligned}
&\varphi_{m-1b}(P^{5,m})+\varphi_{m-1a}(P^{5,m})\\
&=\varphi_{m-1a}(P^{5,m-1})+\varphi_{m-1b}(P^{5,m-1})\\
&=\frac{1}{n-(m-2)}+\frac{1-(m-2)\times\gamma(m-1)}{n-m}\\
&=\frac{1}{n-(m-2)}+\frac{1-(m-2)\times\left[\frac{2n^4-2(2m-1)n^3+2m^2n^2-2(m^2-m+1)n+4}{n(n-1)(n-2)[n-(m-2)][n-(m-1)]}\right]}{n-m}\\
&=\frac{2n^4-2(2m+1)n^3+2(m+1)^2n^2-2(m^2+m+1)n+4}{n(n-1)(n-2)[n-(m-1)](n-m)}\\
&=\gamma(m)
\end{aligned}
$$

接下来，公平对待性推出对任意 $i=1,\cdots,m-1$ 都有 $\varphi_{ib}(P^{5,m})+\varphi_{ia}(P^{5,m})=\gamma(m)$。

其次，假设存在一个 $i^*\in\{1,\cdots,m-1\}$ 满足 $\varphi_{i^*a}(P^{5,m})>0$。因为除 1，…，$m-1$ 外的所有参与人都认为 a 比 b 好，效率性可以推出对任意 $j=m,\cdots,n$ 都有 $\varphi_{jb}(P^{5,m})=0$。因此，公平对待性以及随机分配的定义可以推

出 $\varphi_{i*b}(P^{5,m})=\frac{1}{m-1}$。据此，$\gamma(m)=\varphi_{i*b}(P^{5,m})+\varphi_{i*a}(P^{5,m})>\frac{1}{m-1}$。因为 $m>2$，根据第二步中的结论，我们有下面的冲突。

$$\gamma(m)\leqslant\gamma(3)=\frac{2n^4-14n^3+32n^2-26n+4}{n(n-1)(n-2)(n-2)(n-3)}$$
$$=\frac{2}{n-1}-\frac{2}{n(n-1)(n-2)(n-3)}<\frac{1}{m-1}。$$

因此，对任意 $i=1, \cdots, m-1$ 我们有 $\varphi_{ia}(P^{5,m})=0$，而这又可推出对任意 $i=1, \cdots, m-1$ 有 $\varphi_{ib}(P^{5,m})=\gamma(m)$。

最后，根据公平对待性以及随机分配的定义，我们有 $\varphi_{ia}(P^{5,m})=\frac{1-2\times\frac{1}{n-(m-1)}}{n-(m+1)}=\frac{1}{n-(m-1)}$；对任意 $i=m, \cdots, n-2$ 有 $\varphi_{ib}(P^{5,m})=\frac{1-(m-1)\gamma(m)}{n-(m+1)}$。综上，$\varphi(P^{5,m})$ 给出的 a 和 b 在 $1, \cdots, m-1$ 以及 $m, \cdots, n-2$ 中的分配如下所示：

	a	b
$1, \cdots, m-1$:	0	$\gamma(m)$
$m, \cdots, n-2$:	$\frac{1}{n-(m-1)}$	$\frac{1-(m-1)\times\gamma(m)}{n-(m+1)}$

这就证明了我们想要的数学归纳以及声明 3.10。

声明 3.11　在分组Ⅵ中，对任意 $m=2, \cdots, \bar{n}$ 和任意 $i\in I$，都有 $\varphi_{ia}(P^{6,m})+\varphi_{ib}(P^{6,m})=\frac{2}{n}$。

证明：我们首先考虑偏好组合 $P^{6,2}=(\hat{P}_1, \cdots, \hat{P}_{n-2}, \bar{P}_{n-1}, \bar{P}_n)$ 并证明对任意 $i\in I$ 都有 $\varphi_{ia}(P^{6,2})+\varphi_{ib}(P^{6,2})=\frac{2}{n}$。根据声明 3.7，防策略性可以推出：(1) $\varphi_{n-1a}(P^{6,2})=\varphi_{n-1a}(P^{4,2})=\frac{2}{n}$；(2) 在单抬升属性下有 $\varphi_{n-1c}(P^{6,2})+\varphi_{n-1b}(P^{6,2})=\varphi_{n-1b}(P^{4,2})+\varphi_{n-1c}(P^{4,2})=\frac{1}{n}$；(3) 在双抬升属性下有 $\varphi_{n-1c}(P^{6,2})+\varphi_{n-1b}(P^{6,2})=\varphi_{n-1b}(P^{4,2})+\varphi_{n-1c}(P^{4,2})=\frac{2}{n}$。接下来，假设 $\varphi_{n-1b}(P^{6,2})>0$。因为除 $n-1$ 和 n 外的所有参与人都认为 b 比 c 好，效率性就可以推出对任意 $i=$

1，…，n－2 都有 $\varphi_{ic}(P^{6,2})=0$。给定这些，公平对待性以及随机分配的定义可推得 $\varphi_{n-1c}(P^{6,2})=\frac{1}{2}$。因此，我们就有了一个冲突：在单抬升属性下 $\frac{1}{n}=\varphi_{n-1c}(P^{6,2})+\varphi_{n-1b}(P^{6,2})>\frac{1}{2}$ 以及在双抬升属性下 $\frac{2}{n}=\varphi_{n-1c}(P^{6,2})+\varphi_{n-1b}(P^{6,2})>\frac{1}{2}$。因此我们有 $\varphi_{n-1b}(P^{6,2})=0$。给定这些，公平对待性可推出 $\varphi_{n-1a}(P^{6,2})+\varphi_{n-1b}(P^{6,2})=\frac{2}{n}$ 以及 $\varphi_{na}(P^{6,2})+\varphi_{nb}(P^{6,2})=\frac{2}{n}$。最后，根据公平对待性以及随机分配的定义，对任意 i＝1，…，n－2 我们有 $\varphi_{ia}(P^{6,2})+\varphi_{ib}(P^{6,2})=\frac{2-2\times\frac{2}{n}}{n-2}=\frac{2}{n}$，对任意 $i\in I$ 都有 $\varphi_{ia}(P^{6,2})+\varphi_{ib}(P^{6,2})=\frac{2}{n}$。

接下来我们证明一个数学归纳：给定 $2<m\leqslant\bar{n}$，对任意的 $2\leqslant l<m$ 以及任意的 $i\in I$ 都有 $\varphi_{ia}(P^{6,l})+\varphi_{ib}(P^{6,l})=\frac{2}{n}$。

根据声明 7，防策略性推出：(1) $\varphi_{n-1a}(P^{6,m})=\varphi_{n-1a}(P^{4,m})=\frac{2}{n}$；(2) 在单抬升属性下，$\varphi_{n-1c}(P^{6,m})+\varphi_{n-1b}(P^{6,m})=\varphi_{n-1b}(P^{4,m})+\varphi_{n-1c}(P^{4,m})=\frac{1}{n}$；(3) 在双抬升属性下，$\varphi_{n-1c}(P^{6,m})+\varphi_{n-1b}(P^{6,m})=\varphi_{n-1b}(P^{4,m})+\varphi_{n-1c}(P^{4,m})=\frac{2}{n}$。接下来，假设 $\varphi_{n-1b}(P^{6,m})>0$。因为除 n－1 和 n 外的所有参与人都认为 b 比 c 好，效率性可推出对任意 i＝1，…，n－2 有 $\varphi_{ic}(P^{6,m})=0$。据此，公平对待性以及随机分配的定义可推出 $\varphi_{n-1c}(P^{6,m})=\frac{1}{2}$。因此，我们有了如下冲突：在单抬升属性下 $\frac{1}{n}=\varphi_{n-1c}(P^{6,m})+\varphi_{n-1b}(P^{6,m})>\frac{1}{2}$ 以及在双抬升属性下 $\frac{2}{n}=\varphi_{n-1c}(P^{6,m})+\varphi_{n-1b}(P^{6,m})>\frac{1}{2}$。因此，我们有 $\varphi_{n-1b}(P^{6,m})=0$ 有了这个条件，公平对待性可推出 $\varphi_{n-1a}(P^{6,m})+\varphi_{n-1b}(P^{6,m})=\frac{2}{n}$ 以及 $\varphi_{na}(P^{6,m})+\varphi_{nb}(P^{6,m})=\frac{2}{n}$。

接下来，根据防策略性，我们有：

$$\varphi_{n-m+1a}(P^{6,m})+\varphi_{n-m+1b}(P^{6,m})=\varphi_{n-m+1a}(P^{6,m-1})+\varphi_{n-m+1b}(P^{6,m-1})=\frac{2}{n}$$

据此，公平对待性可推出对任意 $j=n-m+1, \cdots, n-2$ 都有 $\varphi_{ja}(P^{6,m})+\varphi_{jb}(P^{6,m})=\frac{2}{n}$。最后，根据公平对待性以及随机分配的定义，对任意 $i=1, \cdots, n-m$ 都有 $\varphi_{ia}(P^{6,m})+\varphi_{ib}(P^{6,m})=\frac{2-2\times\frac{2}{n}-(m-2)\times\frac{2}{n}}{n-m}=\frac{2}{n}$。这就证明了我们想要的数学归纳以及声明 3.11。

现在就有了当 n 是奇数时的矛盾。为此，注意到 $P^{5,\bar{n}+1}$ 和 $P^{6,\bar{n}}$ 之间唯一的差别就是 $\bar{n}+1$ 的偏好。具体而言，$P^{5,\bar{n}+1}_{\bar{n}+1}=P_i$ 而 $P^{6,\bar{n}}_{\bar{n}+1}=\hat{P}_i$。所以防策略性要求 $\varphi_{\bar{n}+1a}(P^{5,\bar{n}+1})+\varphi_{\bar{n}+1b}(P^{5,\bar{n}+1})=\varphi_{\bar{n}+1a}(P^{6,\bar{n}})+\varphi_{\bar{n}+1b}(P^{6,\bar{n}})$。根据声明 3.10 和 3.11，就有以下矛盾：

$$\begin{aligned}0&=[\varphi_{\bar{n}+1a}(P^{5,\bar{n}+1})+\varphi_{\bar{n}+1b}(P^{5,\bar{n}+1})]-[\varphi_{\bar{n}+1a}(P^{6,\bar{n}})+\varphi_{\bar{n}+1b}(P^{6,\bar{n}})]\\&=\left[\frac{1}{n-\bar{n}}+\frac{1-\bar{n}\times\gamma(\bar{n}+1)}{n-(\bar{n}+2)}\right]-\frac{2}{n}=\frac{-4}{(n-3)(n-2)(n-1)n}\end{aligned}$$

这一矛盾就证明了，当 n 是奇数时，如果偏好域满足单抬升属性或者双抬升属性，那么就不存在同时满足防策略性、效率性以及公平对待性的随机分配机制。这样，我们就证明了引理 3.1。

三、引理 3.2 的证明

假设$\mathbb{D}$是一个连通的偏好域，并且它不满足单抬升和双抬升属性。我们将证明这个偏好域是一个限制阶层偏好域。为此，我们首先有以下声明。此声明的详细证明请参考本人和合作者的文章（Liu P and Zeng H，2019）。

声明 3.12　对任意不同的三个偏好 P_i，P_i'，$P_i''\in\mathbb{D}$，如果 $P_i\approx P_i'$并且 $P_i'\approx P_i''$，那么 $P_i\approx P_i''$。

因为$\mathbb{D}$是连通的，所以任意两个偏好之间都存在一系列两两相邻的偏好链接。那么声明 3.12 就会告诉我们，在这个偏好域上的任意两个偏好都是相邻的。所以，这个偏好域就只能是一个限制阶层偏好域。

四、定理 3.2 的证明

给定一个限制层级结构 $\mathcal{P}\equiv(A_k)_{k=1}^{T}$及其对应的偏好域$\mathbb{D}$。定理 3.2 的详细证明我们不再赘述。这里我们仅展示以下事实：因为这一偏好约束的存在，PS 机制相对于我们在第二章给出的一般性定义将极大地简化。根据这一定义，读者可以自行思考如何证明定理3.2。

事实　给定任意偏好组合 $P \in \mathbb{D}^n$，$L = PS(P)$ 等价于对任意 A_k，$k = 1, \cdots, T$：

1. 如果 $A_k \equiv \{a\}$，那么对任意参与人 $i \in I$ 都有 $L_{ia} = \frac{1}{n}$。

2. 如果 $A_k \equiv \{a, b\}$，让 $I_k \equiv \{i \in I: aP_i b\}$，那么有：

$$\left[|I_k| \geqslant \frac{n}{2}\right] \Rightarrow \begin{bmatrix} & a & b \\ i \in I_k: & \frac{1}{|I_k|} & \frac{2}{n} - \frac{1}{|I_k|} \\ j \notin I_k: & 0 & \frac{2}{n} \end{bmatrix}$$

以及

$$\left[|I_k| \leqslant \frac{n}{2}\right] \Rightarrow \begin{bmatrix} & a & b \\ i \in I_k: & \frac{2}{n} & 0 \\ j \notin I_k: & \frac{2}{n} - \frac{1}{n - |I_k|} & \frac{1}{n - |I_k|} \end{bmatrix}$$

五、关于备注3.3的详细说明

假设一个偏好域$\mathbb{D}$满足单抬升属性（双抬升属性的情况下用同样的逻辑可以证明）。我们将用反证法证明在这个偏好域上不存在同时满足防策略性、效率性以及无嫉妒性。为此，假设 $\varphi: \mathbb{D}^n \to \mathcal{L}$ 满足上述三个性质。我们考虑以下两个偏好组合：

- $P^1 \equiv (P_1, P_2, \cdots, P_{n-1}, \bar{P}_n)$
- $P^2 \equiv (\hat{P}_1, P_2, \cdots, P_{n-1}, \bar{P}_n)$

其中的偏好 $\bar{P}_i$、P_i 以及 $\hat{P}_i$ 来源于单抬升属性的定义。

首先，记 $B \equiv B(\bar{P}_i, a) = B(P_i, a) = B(\hat{P}_i, b)$。根据无嫉妒性以及随机分配的定义，对任意参与人 $i \in I$，都有 $\varphi_{iB}(P^1) = \frac{k-1}{n}$ 以及 $\varphi_{iB}(P^2) = \frac{k-1}{n}$。那么，防策略性会给出 $\varphi_{1a}(P^1) + \varphi_{1b}(P^1) = \varphi_{1b}(P^2) + \varphi_{1a}(P^2)$。接下来我们通过下面两个声明推导出 $\varphi(P^1)$ 和 $\varphi(P^2)$ 赋予 a 和 b 的概率。

声明3.13　$\varphi(P^1)$ 赋予 a 和 b 的概率如下：

$$\begin{array}{lcc} & a & b \\ 1, \cdots, n-1: & \frac{1}{n} & \frac{1}{n-1} \\ n: & \frac{1}{n} & 0 \end{array}$$

首先，无嫉妒性以及随机分配的定义告诉我们，对任意参与人 $i \in I$，$\varphi_{ia}(P^1)=\frac{1}{n}$。接下来，效率性会给出 $\varphi_{nb}(P^1)=0$。所以，对任意参与人 $i=1, \cdots, n-1$，$\varphi_{ib}(P^1)=\frac{1}{n-1}$。这样我们就证明了声明3.13。

声明3.14　$\varphi(P^2)$ 赋予a和b的概率如下：

$$\begin{array}{lcc} & a & b \\ 1: & 0 & \frac{2n-3}{(n-1)^2} \\ 2, \cdots, n-1: & \frac{1}{n-1} & \frac{n-2}{(n-1)^2} \\ n: & \frac{1}{n-1} & 0 \end{array}$$

首先，效率性给出 $\varphi_{1a}(P^2)=0$。接下来，根据无嫉妒性以及随机分配的定义，对任意参与人 $i=2, \cdots, n$，都有 $\varphi_{ia}(P^2)=\frac{1}{n-1}$。效率性给出 $\varphi_{nb}(P^2)=0$。所以，我们有 $\varphi_{1b}(P^2)+\sum_{i=2}^{n-1}\varphi_{ib}(P^2)=1$。最后，根据无嫉妒性，对任意参与人 $i=2, \cdots, n-1$，都有 $\varphi_{1a}(P^2)+\varphi_{1b}(P^2)=\varphi_{ia}(P^2)+\varphi_{ib}(P^2)$；并且对任意参与人 $i, j \in \{2, \cdots, n-1\}$，都有 $\varphi_{ib}(P^2)=\varphi_{jb}(P^2)$。剩下的概率都可以通过简单计算获得。

根据声明3.13和声明3.14，我们就得到了以下矛盾：$\varphi_{1a}(P^1)+\varphi_{1b}(P^1)=\frac{1}{n}+\frac{1}{n-1}>\frac{2n-3}{(n-1)^2}=\varphi_{1b}(P^2)+\varphi_{1a}(P^2)$。

第四章　局部和全局防策略性的等价

第一节　序数机制的局部防策略性

在第三章我们提到，根据定理 3.1，我们探索可能性定理的方向应为多个限制层级偏好域的并集。但是，这样的偏好域结构比较复杂，要验证其上定义的随机分配机制是否满足我们所要求的性质比较困难。尤其是防策略性，因为其要求对任何参与人而言，无论其他参与人报告的偏好组合是什么，其真实偏好所带来的概率分布要根据其真实偏好对说谎带来的概率分布随机占优。这一困难不是随机分配问题所独有的，在很多机制设计问题中都遇到这个困难。所以文献中有一分支专门研究如何简化防策略性的证明，这就是本章将要探讨的局部防策略性（local strategy-proofness）和全局防策略性（global strategy-proofness）的等价问题。

本章研究的问题及得到的结论对所有序数机制都适用。所谓序数机制就是指以序数偏好（也就是第二章中所定义的偏好）为输入变量的机制。[①] 序数机制应用于文献中的很多具体的机制设计问题。比如投票问题（Gibbard A，1973；Satterthwaite M A，1975；Gibbard A，1977），分配问题（Bogomolnaia A and Moulin H，2001；Pápai S，2000），等等。根据防策略性的定义，给定某个参与人 $i \in I$ 及其真实偏好 P_i，给定其他人的偏好组合，我们需要将报告 P_i 带

① 除序数机制外，还有基数机制，其输入变量不是对物品的偏好，而是效用函数。序数机制的输入变量只说明了物品的序数比较，而基数机制的输入变量不仅说明了序数排序，还给出了具体的数值差别。周林（Zhou L，1990）研究的是基数机制而本书研究的都是序数机制。

来的结果和所有其他偏好带来的结果进行比较。比如在无约束偏好域$\mathbb{P}$上，因为一共有 n! 个不同的偏好。当固定参与人 i 及其真实偏好 P_i 以及其他参与人的偏好组合后，我们需要进行 n!－1 次比较才能验证这个参与人在这种情况下是不是没有动机说谎。为了简化这一任务，文献中定义了一个新的性质，名为局部防策略性。这一性质要求，对每个参与人而言，其真实偏好带来的结果不比反转其真实偏好中任意两个相邻排序的物品带来的结果差。这样，固定参与人其真实偏好以及其他参与人的偏好组合后，我们需要进行的比较就只有 n－1 次（一共有 n－1 种反转相邻物品的方法）。可见，如果我们能够证明防策略性和局部防策略性是等价对，那么验证防策略性的任务将被极大地简化。

很明显，这样的等价结论是否成立取决于偏好域的结构。佐藤信（2013）研究的是确定性机制（deterministic mechanism），[①] 并证明如果偏好域是连通的，并且满足一个被称为无复位的条件（none-restoration），上述等价就是成立的。随后的一篇文章（Cho W J，2016）发现上述结论对随机机制也成立。[②] 但是这样的等价结论在偏好域不是连通的，或者不满足无复位条件的时候就不适用。基于此，本章将介绍一个新的局部防策略性的定义，并且给出一个新的等价结论。这一结论将会在上述两个条件不成立的时候也能简化防策略性的验证。作为具体的应用，第五章将应用这一等价结论证明 PS 机制在一系列非连通偏好域上满足防策略性。

第二节　理论结果

本章所谓的序数机制指的是一个函数 φ：$\mathbb{D}\rightarrow\Delta(A)$。其中$\mathbb{D}$是给定的偏好域，$\Delta(A)$ 是可能的结果集合上的概率分布。[③] 如果 φ：$\mathbb{D}\rightarrow\Delta(A)$ 满足以下

---

① 确定性机制指机制产出的结果是确定性的。

② 布里埃尔·卡罗尔（2012）也研究了这一等价问题，但是其研究的是一个个具体的机制设计问题，包括一些基数机制。有研究者研究了确定性投票机制（Kumar U et al.，2021），并给出了一个更加一般的等价结论。但是这一结论对随机机制并不适用。

③ 机制设计问题中往往有多个参与人，但本章研究的是某个参与人的动机。所以，为简化模型，我们将机制定义在偏好域上，而不是偏好组合的集合上。我们的结论可以直接扩展到多个参与人的模型中。需要注意的是，我们定义的机制选择的结果是概率分布，也就是说这些机制是随机机制。但是如果这样的一个机制选择的都是确定性结果，它就是确定性机制。所以，我们的结论不仅适用于随机机制，也适用于确定性机制。

条件，我们就说它满足防策略性：对任意 P，$P' \in \mathbb{D}$，有 $\varphi(P)P^{sd}\varphi(P')$。

我们接下来给出局部防策略性的定义。首先，如果物品的一个子集根据一个偏好是被排在相邻的位次，我们就说这些物品在这一偏好中集聚。严格来讲，给定一个子集 $B \subset A$ 以及一个偏好 $P \in \mathbb{D}$，如果 $\forall a, b \in B$，$\nexists x \in A \backslash B$ 满足 $aPxPb$ 或者 $bPxPa$，那么我们就说 B 在 P 中集聚，并且我们称这样的集合 B 为一个块（block）。如果有两个块在两个偏好中集聚且相邻，并且这两个偏好唯一的差别就是这两个块的相对排序反转了，那么我们就称这两个偏好是块相邻的（block adjacent）。具体定义如下。

定义　给定两个偏好 P，$P' \in \mathbb{D}$，如果存在两个不相交的子集 A_1，$A_2 \subset A$ 满足以下条件，我们就称这两个偏好是块相邻的：

（1）A_1、A_2 以及 $A_1 \cup A_2$ 分别在 P 和 P' 中集聚；

（2）$\forall a, b \in A$，如果 $a \in A_1$ 且 $b \in A_2$，那么 $aP'b \Leftrightarrow bPa$；

（3）$\forall a, b \in A$，如果 $a \notin A_1$ 或 $b \notin A_2$，那么 $aP'b \Leftrightarrow aPb$。

首先注意，给定任意两个偏好，它们要么不是块相邻的，要么就是关于唯一的一对子集块相邻的。另外，在连通域的定义中的相邻是这里我们定义的块相邻的特例（Sato S，2013；Cho W J，2016），因为这两篇文章要求反转的两个块都只能包括一个物品。给定两个块相邻的偏好 P 和 P'，我们用 $FB_1(P, P')$ 和 $FB_2(P, P')$ 指被反转的两个块。一个机制 φ：$\mathbb{D} \to \Delta(A)$ 如果满足以下条件，就是块相邻防策略性的（block-adjacent strategy-proof）：对任意块相邻的偏好 P，$P' \in \mathbb{D}$，$\varphi(P)P^{sd}\varphi(P')$。

我们接下来介绍两个定义在偏好域上的条件。首先，给定一个偏好域 $\mathbb{D}$ 以及任意两个偏好 P，$P' \in \mathbb{D}$，存在一个偏好序列 $P_1, \cdots, P_M \in \mathbb{D}$ 满足以下条件，我们就称 $\mathbb{D}$ 是块连通的：（1）$P_1 = P$；（2）$P_M = P'$；（3）$\forall m = 1, \cdots, M-1$，$P_m$ 和 P_{m+1} 是块相邻的。我们称上述的偏好序列为从 P 到 P' 的一条通道（path）。为引入第二个条件，记 A_1，A_2 和 A_3，A_4 为两对非空且不相交的子集，也就是说 $\emptyset \neq A_1, A_2, A_3, A_4 \subset A$，$A_1 \cap A_2 = \emptyset$，并且 $A_3 \cap A_4 = \emptyset$。如果 $A_1 \cup A_2 \subset A_3$ 或 $A_1 \cup A_2 \subset A_4$ 或 $(A_1 \cup A_2) \cap (A_3 \cup A_4) = \emptyset$，我们称 A_1，A_2 内嵌或不相交于 A_3，A_4，记为 $\{A_1, A_2\} \subseteq \{A_3, A_4\}$。给定任意一条前面讲到的通道 $P_1, \cdots, P_M$，如果其涉及的每一对被反转的块都内嵌或不相交于下一对被反转的块，那么我们就称这个通道是内嵌的（nested）。严格来讲，这要求 $\forall 1 \leqslant m' < m \leqslant M-1$ 都有：

$\{FB_1(P_m, P_{m+1}), FB_2(P_m, P_{m+1})\} \subseteq \{FB_1(P_{m'}, P_{m'+1}), FB_2(P_{m'}, P_{m'+1})\}$。

最后，一个偏好域$\mathbb{D}$被称为是通道内嵌的（path-nested），如对任意 P，$P' \in \mathbb{D}$，都存在一条从 P 到 P′的内嵌通道。下一节给出了一个具体的例子。

现在我们就可以给出主要结论如下。

定理 4.1 在任何通道内嵌的偏好域上，防策略性等价于块相邻防策略性。

定理的证明见本章附录。这里我们指出以下两点。首先，块连通性是上述等价成立的必要条件，但通道内嵌不是。其次，我们这里的通道内嵌和无复位条件[①]没有逻辑上的关系（Sato S，2013）。

第三节 应用和讨论

一、一个通道内嵌却不连通的偏好域

图 4-1 展示了一个序列二分偏好域（具体定义请见第五章）。图中黑体的字母序列表示一个偏好，而两个偏好之间的虚线表示块相邻的关系。虚线之上标志的两个物品子集表示被反转的块。从图中可以看到，从任意一个偏好到另一个偏好都存在一个内嵌的通道。所以，这个偏好域是通道内嵌的。但是，这个偏好域并不是连通的。比如，从 acdb 到 bacd 并不存在一个相邻的偏好序列。所以文献中已有的等价条件并不适用（Sato S，2013；Cho W J，2016）。但我们的定理 4.1 是适用的，并且告诉我们，对定义在这一偏好域上的机制，只需验证其块相邻防策略性就能保证其防策略性。

① 无复位条件要求从任意一个偏好到另一个偏好的相邻偏好序列上，一旦某两个相邻物品的位次被反转，在这一序列上这两个物品就不能再次被反转。

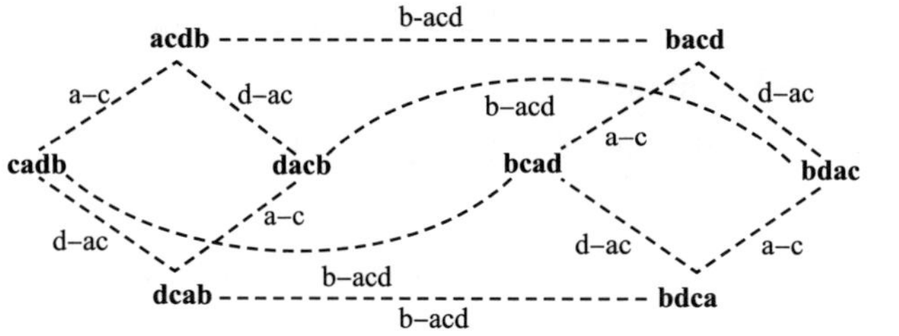

图 4－1　一个通道内嵌却不连通的偏好域

资料来源：Liu P. Local vs. global strategy-proofness：A new equivalence result for ordinal mechanisms ［J］. Economics Letters，2020（189）：109008.

二、一个通道内嵌但不满足无复位条件的连通域

图 4－2 所示的偏好域出自佐藤信（2013），偏好之间的实线表示的是相邻关系。由此可以看出，这一偏好域是连通的，但不满足无复位条件。因为从 xyvwz 到 xyzvw 唯一的通道上，x 和 y 被反转了两次，所以，佐藤信的等价结论不适用。但是，通过增加块相邻关系（两条虚线所示），我们发现这一偏好域是通道内嵌的，所以我们的等价结论 4. 1 是适用的。

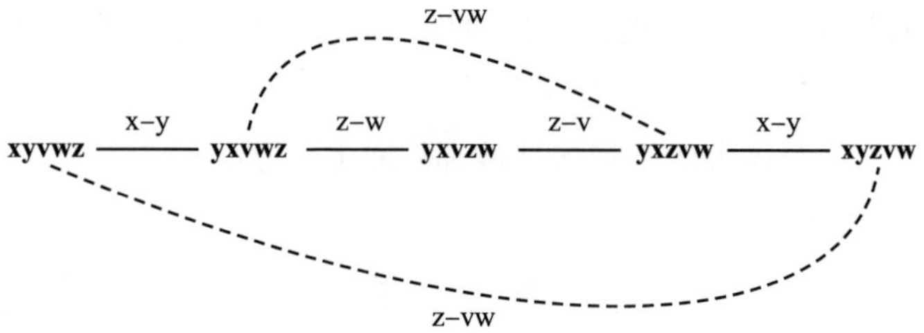

图 4－2　一个通道内嵌但不满足无复位条件的连通域

资料来源：Liu P. Local vs. global strategy-proofness：A new equivalence result for ordinal mechanisms ［J］. Economics Letters，2020（189）：109008.

三、常规域

我们在这一小节讨论通道内嵌偏好域的特点。首先，我们有以下观察。一个非空子集 $B \subset A$ 的一个二分是指一对子集 B_1，B_2 满足 $\emptyset \neq B_1$，$B_2 \subset B$，$B_1 \cup B_2 = B$，以及 $B_1 \cap B_2 = \emptyset$。

命题 4.1 给定任意非空子集 $B \subset A$ 以及任意两个偏好 P，$P' \in \mathbb{P}$，有且仅有以下三项中的一项是正确的：

1. 存在一个二分 B_1、B_2 满足对任意 $b_1 \in B_1$ 以及 $b_2 \in B_2$，有 $b_1 P b_2$ 以及 $b_1 P' b_2$。

2. 存在一个二分 B_1、B_2 满足对任意 $b_1 \in B_1$ 以及 $b_2 \in B_2$，有 $b_1 P b_2$ 以及 $b_2 P' b_1$。

3. 存在四个不同的物品 a，b，c，$d \in B$ 满足 aPbPcPd 以及 [bP′dP′aP′c 或 cP′aP′dP′b]。

因为一个内嵌的通道本质上只涉及两个块的反转，所以一个通道内嵌的偏好域本质上是和上述第三点冲突的。因此，如果一个偏好域$\mathbb{D}$上出现了上述第三点的情况，我们就称它是非常规的（irregular）。同样，一个偏好域如果不是非常规的，我们就称它是常规的（regular）。

命题 4.2 通道内嵌的偏好域一定是常规的。

上述命题的逆命题是不正确的，因为通道内嵌的定义要求偏好域具有某种复杂性，也就是要求存在通道满足某些性质。比如说，如果把偏好 bcad 从图 4－1 所示的偏好域中去除，剩下的偏好形成的偏好域是常规的，但不再满足通道内嵌的条件。但是，如果一个常规的偏好域是极大的，那么通道内嵌的条件就能够被满足。这里的极大指的是，任意增加一个偏好都会使偏好域非常规。

命题 4.3 任意极大的常规偏好域都是通道内嵌的。

附 录

一、定理 4.1 的证明

根据定义，防策略性要比块相邻防策略性强，我们只需证明块相邻防策略性在通道内嵌的偏好域上可以推出防策略性。因此，记$\mathbb{D}$为任意一个通道内嵌的偏好域，φ：$\mathbb{D} \to \Delta(A)$ 为任意一个满足块相邻防策略性的机制，我们想要证明 $\forall P$，$P' \in \mathbb{D}$都有 $\varphi(P) P^{sd} \varphi(P')$。固定从 P 到 P′的一条内嵌通道：$P = P_1$，…，$P_M = P'$。那么 P_1^{sd} 的传递性告诉我们，我们需要证明对任意 $m = 1$，…，$M-1$ 都有 $\varphi(P_m) P_1^{sd} \varphi(P_{m+1})$。首先，对于 $m = 1$，$\varphi(P_1) P_1^{sd} \varphi(P_2)$ 直接由块相邻防

策略性给出。对于 $m=2, \cdots, M-1$，$\varphi(P_m)P_1^{sd}\varphi(P_{m+1})$ 将由下面的数学归纳给出：

初始命题：$\varphi(P_m)P_m^{sd}\varphi(P_{m+1})$；

归纳命题：$\forall 2\leqslant\alpha\leqslant m$，$\varphi(P_m)P_\alpha^{sd}\varphi(P_{m+1})\Rightarrow\varphi(P_m)P_{\alpha-1}^{sd}\varphi(P_{m+1})$。

初始命题可直接由块相邻防策略性得到。为证明归纳命题，我们简化以下标记：

$$A_1\equiv FB_1(P_{\alpha-1}, P_\alpha)\quad B_1\equiv FB_1(P_\alpha, P_{\alpha+1})\quad C_1\equiv FB_1(P_m, P_{m+1})$$

$$A_2\equiv FB_2(P_{\alpha-1}, P_\alpha)\quad B_2\equiv FB_2(P_\alpha, P_{\alpha+1})\quad C_2\equiv FB_2(P_m, P_{m+1})$$

为证明归纳命题，我们需要考虑以下三种情况：(1) $B_1\cup B_2\subset A_1$；(2) $B_1\cup B_2\subset A_2$；(3) $[B_1\cup B_2]\cap[A_1\cup A_2]=\varnothing$。我们只证明第一种情况下所需结论，同样的证明思路适用于另外两种情况。第一种情况所涉及的偏好如下所示。这里 A_1 包括在 $P_{\alpha-1}$ 中排在 X 和 A_2 之间（等价于在 P_α 中排在 A_2 和 Y 之间）的所有物品。

$$P_{\alpha-1}:\quad X>\cdots>B_1>B_2>\cdots>A_2>Y$$

$$P_\alpha:\quad X>A_2>\cdots>B_1>B_2>\cdots>Y$$

给定 $\varphi(P_m)P_m^{sd}\varphi(P_{m+1})$ 以及 $\varphi(P_{m+1})P_{m+1}^{sd}\varphi(P_m)$，我们知道对任意 $x\notin C_1\cup C_2$，都有 $\varphi_x(P_m)=\varphi_x(P_{m+1})$。换句话说 $\varphi(P_m)$ 和 $\varphi(P_{m+1})$ 的差别只能是在赋予集合 $C_1\cup C_2$ 内物品的概率上。另外，内嵌联通告诉我们，$C_1\cup C_2$ 在 $P_{\alpha-1}$ 以及 P_α 中都是集聚的。而且，这两个偏好的唯一差别就是 A_1 和 A_2 位次的反转，包含在 $C_1\cup C_2$ 中的物品的排序在这两个偏好中是一样的。给定这些，我们就可以根据随机占优的定义验证 $\varphi(P_m)P_\alpha^{sd}\varphi(P_{m+1})$ 会推出 $\varphi(P_m)P_{\alpha-1}^{sd}\varphi(P_{m+1})$。

二、命题 4.1 的证明

如果 $|B|=2$，很显然，要么第一种情况、要么第二种情况一定成立。如果 $|B|=3$，我们就假设偏好 P 为 abc。那么 P′就只能是以下五个偏好中的一个：acb，bac，bca，cab，cba。这样，我们同样可以验证要么第一种情况、要么第二种情况一定成立。接下来，如果 $|B|\geqslant 4$，我们证明，如果第三种情况不成立，那么就一定是第一种或者第二种情况成立。为此，选择任意四个物品 $a, b, c, d\in B$ 满足 aPbPcPd，那么不满足第三种情况就意味着 bP′dP′aP′c 和

$cP'aP'dP'b$ 都不成立。给定这一条件，我们就能验证，对于任何一种这四个物品可能的排序，要么第一种情况、要么第二种情况一定成立。比如，如果 $bP'cP'aP'd$，那么设定 $B_1=\{a, b\}$ 以及 $B_2=\{c, d\}$，第二种情况就成立。剩余的情况我们就不一一列举了。

三、命题4.2的证明

我们证明其逆否命题：任意非常规域都不是通道内嵌的。假设$\mathbb{D}$是一个非常规域，那么根据定义，存在两个偏好 $P, P' \in \mathbb{D}$满足：$aPbPcPd$，$bP'dP'aP'c$（另外一种对称的情况这里不再赘述）。假设$\mathbb{D}$是通道内嵌的，并且 $P=P_1$，P_2，…，$P_M=P'$是一个从 P 到 P′的内嵌通道。假设 a，b，c，d 的相对排序是从 P_m 到 P_{m+1}首次发生了变化。为简便表述，记 $A_1=FB_1(P_m, P_{m+1})$，$A_2=FB_2(P_m, P_{m+1})$。给定这些，首先我们有 $\{a, b, c, d\} \subset A_1 \cup A_2$。[①] 其次，给定 $\{a, b, c, d\} \subset A_1 \cup A_2$，我们有 $a \in A_1$ 以及 $d \in A_2$。接下来，我们需要考虑三种情况：(1) $b \in A_1$，$c \in A_2$；(2) b，$c \in A_1$；(3) b，c，$\in A_2$。对于第一种情况，根据通道内嵌的定义，$cP_{m+1}b$ 并且 c 和 b 的相对排序在上述通道上不会发生变化，所以我们就有 $cP'b$，这与我们给定的情况矛盾。其他两种情况可以用同样的思路证明。这样我们就找到了矛盾来证明命题4.2。

四、命题4.3的证明

记$\mathbb{D} \subset \mathbb{P}$为一个极大的常规域。任意固定两个偏好 $P, P' \in \mathbb{D}$，我们证明存在一个内嵌的通道：$P=P_1, P_2, \cdots, P_M=P' \in \mathbb{D}$。我们这里展示如何确定 P_2，对于其他的 P_m，可以通过把下面方法中的 P_1 改成 P_{m-1}确定。

让 A_1，…，A_K 为最细的满足以下条件的分割：(1) 这里每一个块都在 P_1 和 P_M 中集聚；(2) 他们在这两个偏好中的排序是一样的。这样的分割一定存在，而且唯一。记 A_k 为第一个包含两个或以上物品的块。我们将这个块视为命题4.1中的 B，那么$\mathbb{D}$是常规的这个条件告诉我们，情况1或者情况2一定发生。另外，因为这里的分割是最细的，情况1是不可能的。所以，我们可以将 $\{B_1, B_2\}$ 记为 A_k 的一个二分，并且让 $B_1P_1B_2$。我们把 P_1 中的 B_1 和 B_2

---

① 如果不是，那么这四个物品中的某一个不在 $A_1 \cup A_2$ 里。比如 $d \notin A_1 \cup A_2$，根据通道内嵌的定义，a 和 d 的相对排序就不会发生变化，也就是说 $aP'd$。这明显是与我们给定的情况矛盾的。

反转，并将新的偏好记为 P_2。接下来我们需要证明 $P_2 \in \mathbb{D}$。如果这是不对的，那么，$\mathbb{D}$是极大的常规域这个事实将告诉我们存在 $\tilde{P} \in \mathbb{D}$，而且这个偏好和 P_2 将形成命题4.1中的情况3。一旦成立，我们就可以得到 P_1 和 $\tilde{P}$ 也有这样的关系，而这和$\mathbb{D}$的常规性是冲突的。

第五章　可能性定理

在第三章，我们给出了一个很强的不可能性定理，它告诉我们，为寻找满足防策略性、效率性以及公平对待性的随机分配机制，我们的方向在非连通的偏好域。而非连通域的结构一般都比较复杂，要验证某个机制是否满足我们要求的性质比较困难，尤其是防策略性。为此，第四章的等价条件为我们简化了任务难度。有前面两章的准备，我们现在可以找到一系列偏好域，并证明在这些偏好域上 PS 机制满足防策略性。根据事实 2.2，PS 机制在无约束偏好域上满足效率性以及公平对待性。因此，我们就证明了可能性的存在。

第一节　序列二分偏好域

我们在本节给出序列二分偏好域的定义。

物品集合 A 的一个分割（partition）是指其子集形成的一个集合。这一集合要满足两个条件：第一，任意两个子集都没有交集；第二，这些子集的并集能够覆盖 A。[①] 严格来讲，$\mathbf{A} \subset 2^{A} \setminus \{\emptyset\}$ 如果满足以下条件就被称为一个分割：$\cup_{A_k \in \mathbf{A}} A_k = A$ 以及对所有 A_k，$A_l \in \mathbf{A}$ 都有 $A_k \cap A_l = \emptyset$。一个分割中的子集被称为块。我们将所有分割形成的集合记为 $\mathcal{A}$。在这个集合上我们将定义一个二元关系。具体而言，如果一个分割相比于另一个分割唯一的差别在于，后者的一个块被分成了两个更小的块，那么我们称前者为后者的一个二元精炼（dichotomous refinement）。严格定义如下。

定义 5.1　给定两个分割 $\mathbf{A}'$，$\mathbf{A} \in \mathcal{A}$。如果存在 $A_k \in \mathbf{A}$ 以及 A'_i，$A'_j \in \mathbf{A}'$满

① 在本章，粗体的英文大写字母用来表示分割。物品集合的子集用大写英文字母表示。

足 $\{A_k\}=\mathbf{A}\setminus\mathbf{A}'$以及 $\{A_i', A_j'\}=\mathbf{A}'\setminus\mathbf{A}$，那么 $\mathbf{A}'$是 $\mathbf{A}$ 的一个二元精炼。

现在我们考虑由分割组成的序列 $(\mathbf{A}_t)_{t=1}^{T}\subset\mathcal{A}$。如果这个序列满足以下条件，我们就称其为一个二元通道（dichotomous path）：(1) $\mathbf{A}_1=\{A\}$；(2) $\mathbf{A}_T=\{\{a\}: a\in A\}$；(3) 对每一个 $t=1, \cdots, T-1$，$\mathbf{A}_{t+1}$是 $\mathbf{A}_t$ 的一个二元精炼。也就是说，一个二元通道将最粗糙的分割（所有物品都在一个块里）通过一个一个二元精炼变成最细的分割（每一个块只含一个物品）。根据定义，如果 $\mathbf{A}'$是 $\mathbf{A}$ 的一个二元精炼，那么 $|\mathbf{A}'|=|\mathbf{A}|+1$。所以，任何一个二元通道所含的分割数量都是 n。因此，我们将一个二元通道记为 $(\mathbf{A}_t)_{t=1}^{n}$。另外，对任意 $t\in\{1, \cdots, n-1\}$，我们记 $\{A_{t*}\}\equiv\mathbf{A}_t\setminus\mathbf{A}_{t+1}$为被细分的块，并且对任意 $t\in\{2, \cdots, n\}$ 记 $\{A_{t1}, A_{t2}\}\equiv\mathbf{A}_t\setminus\mathbf{A}_{t-1}$为细分出来的两个块。所以，从第一个分割 $\mathbf{A}_1$ 到第二个分割 $\mathbf{A}_2$，A_{1*}被细分为 A_{21}和 A_{22}；从第二个分割 $\mathbf{A}_2$ 到第三个分割 $\mathbf{A}_3$，A_{2*}被细分为 A_{31}和 A_{32}等。

图 5-1 展示了在 n=4 情况下的两个二元通道。一个由加粗的实线箭头组成，一个由加粗的虚线箭头组成。

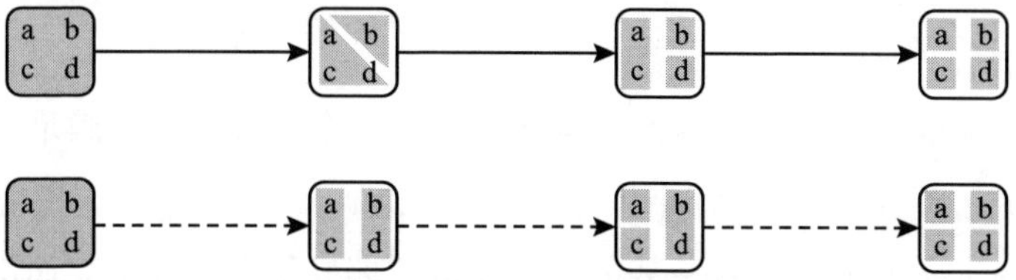

图 5-1　在 A={a, b, c, d} 情况下的两个二元通道

注：每一个框表示一个分割，其中每一个阴影表示一个块。从一个分割到另一个分割的箭头表示一个二元精炼关系。

资料来源：Liu P. Random assignments on sequentially dichotomous domains [J]. Games and Economic Behavior, 2020 (121): 565-584.

接下来我们介绍偏好约束。在第四章我们已经介绍过物品块在偏好中的集聚。在这里我们再次展示，以示叙述逻辑完整。给定一个物品块 $A_k\subset A$ 以及一个偏好 $P_i\in\mathbb{P}$，如果 A_k 中的物品在 P_i 的位次是相邻的，那么我们就称 A_k 在 P_i 中集聚。严格来讲，如果对任意 $a, b\in A_k$，都不存在 $x\in A\setminus A_k$ 使得 aP_ix 并且 xP_ib，那么我们就称 A_k 在 P_i 中集聚。根据定义，最大的块 A 在任何偏好中集聚。另外，每一个只包含一个物品的块也在任何偏好中集聚。对这两个极端情况来讲，集聚并没有施加任何约束。下面的例子展示了一个集聚的具体事例。

例子 5.1 考虑一个偏好 P_i：$o_1 \succ o_2 \succ a \succ b \succ c \succ x \succ y \succ o_3 \succ o_4$。记 $A_1 = \{a, b, c\}$，$A_2 = \{x, y\}$，$A_3 = A_1 \cup A_2$，那么 A_1、A_2、A_3 都在 P_i 中集聚。

给定一个偏好 $P_i \in \mathbb{P}$ 以及一个分割 $\mathbf{A} \in \mathcal{A}$，如果这个分割中的每一个块 $A_k \in \mathbf{A}$ 都在 P_i 中集聚，那么我们就称 P_i 服从分割 $\mathbf{A}$。进一步，给定一个分割 $\mathbf{A}$，我们记 $\mathbb{D}_{\mathbf{A}}$ 为服从 $\mathbf{A}$ 的偏好所形成的集合，也就是说，$\mathbb{D}_{\mathbf{A}} \equiv \{P_i \in \mathbb{P} \mid P_i$ 服从 $\mathbf{A}\}$。如果我们将最粗以及最细的分割分别记为 $\mathbf{A}_1 = \{A\}$ 和 $\mathbf{A}_2 = \{\{a\}: a \in A\}$，那么每一个偏好都服从这两个分割，也就是说 $\mathbb{D}_{\mathbf{A}_1} = \mathbb{D}_{\mathbf{A}_2} = \mathbb{P}$。考虑另一个分割 $\mathbf{A}_3 \equiv \{\{o_1, o_2\}, \{a, b, c\}, \{x, y\}, \{o_3, o_4\}\}$，那么例子 5.1 中的偏好 P_i 服从 $\mathbf{A}_3$，对此，我们记为 $P_i \in \mathbb{D}_{\mathbf{A}_3}$。

相应地，如果一个偏好服从一个二元通道中的每一个分割，我们就称这个偏好服从这一二元通道。一个所谓序列二分偏好域就是指服从某个二元通道的所有偏好形成的集合，其具体定义如下：

定义 5.2 如果一个偏好域 $\mathbb{D} \subset \mathbb{P}$ 满足以下条件，那么我们就称其为一个序列二分偏好域（缩写为 SDD）：存在一个二元通道 $(\mathbf{A}_t)_{t=1}^n$ 使得 $P_i \in \mathbb{D} \Leftrightarrow P_i$ 服从 $(\mathbf{A}_t)_{t=1}^n$。

序列二分偏好域可以被等价地定义如下：一个偏好域如果满足以下条件就是一个 SDD：存在一个二元通道 $(\mathbf{A}_t)_{t=1}^n$ 使得 $\mathbb{D} = \cap_{t=1}^n \mathbb{D}_{\mathbf{A}_t}$。这里值得注意的是，SDD 的定义要求所有服从某个二元通道的偏好都在集合中，而不能是一部分。这一要求对我们接下来的分析不会产生影响，因为如果一个机制在一个偏好域上满足防策略性，那么它在这个偏好域的任意子集上依然满足防策略性。

备注 5.1 为将一个偏好域定义为一个序列二分偏好域，我们需要固定一个二元通道。也就是说，序列二分偏好域由一个参数定义，这个参数就是一个二元通道。这样的逻辑和定义单峰偏好域类似：每一个单峰偏好域由一个客观给定的物品排序所定义。另外，一个序列二分偏好域所包含的偏好数量和一个单峰偏好域所包含的偏好数量是一样的，都是 2^{n-1}。比如，在例子 5.1 中，当 $n = 4$ 时，一个序列二分偏好域包含 8 个偏好。

我们下面展示两个具体的序列二分偏好域。

例子 5.2 令 $A = \{a, b, c, d\}$。那么包含以下 8 个偏好的集合 $\mathbb{D} \equiv \{P_1, \cdots, P_8\}$ 就是一个序列二分偏好域。

P_1	P_2	P_3	P_4	P_5	P_6	P_7	P_8
a	c	d	d	b	b	b	b
c	a	a	c	a	c	d	d
d	d	c	a	c	a	a	c
b	b	b	b	d	d	c	a

具体而言，$\mathbb{D}=\cap_{t=1}^{4}\mathbb{D}_{\mathbf{A}_t}$。这里的二元通道（$(\mathbf{A}_t)_{t=1}^{4}$）就是图 5－1 中加粗实线箭头所示的二元通道，也就是说，$\mathbf{A}_1=\{\{a, b, c, d\}\}$，$\mathbf{A}_2=\{\{a, c, d\}, \{b\}\}$，$\mathbf{A}_3=\{\{a, c\}, \{d\}, \{b\}\}$，$\mathbf{A}_4=\{\{a\}, \{c\}, \{d\}, \{b\}\}$。首先，因为每一个偏好都服从 $\mathbf{A}_1$ 和 $\mathbf{A}_4$，我们有 $\mathbb{D}_{\mathbf{A}_1}=\mathbb{D}_{\mathbf{A}_4}=\mathbb{P}$；接下来，一个偏好服从 $\mathbf{A}_2$ 就等价于要求 b 要么是最好的，要么是最差的，所以，$\mathbb{D}_{\mathbf{A}_2}=\{P_i\in\mathbb{P}: r_1(P_i)=b$ 或 $r_4(P_i)=b\}$；最后，一个服从 $\mathbf{A}_2$ 的偏好如果还同时服从 $\mathbf{A}_3$，就等价于要求 $\{a, c\}$ 在其集聚，所以，$\mathbb{D}_{\mathbf{A}_2}\cap\mathbb{D}_{\mathbf{A}_3}=\{P_i\in\mathbb{D}_{\mathbf{A}_2}$：$\{a, c\}$ 在 P_i 集聚$\}$。综上，$\mathbb{D}=\cap_{t=1}^{4}\mathbb{D}_{\mathbf{A}_t}$。

类似地，集合 $\mathbb{D}'\equiv\{P_1', \cdots, P_8'\}$ 也是一个 SDD。而定义这个序列二分偏好域的二元通道是（$(\mathbf{A}_t')_{t=1}^{4}$）。具体而言，$\mathbf{A}_1'=\{\{a, b, c, d\}\}$，$\mathbf{A}_2'=\{\{a, c\}, \{b, d\}\}$，$\mathbf{A}_3'=\{\{a\}, \{c\}, \{b, d\}\}$，$\mathbf{A}_4'=\{\{a\}, \{c\}, \{b\}, \{d\}\}$，这个二元通道如图 5－1 中加粗的虚线箭头所示。

P_1'	P_2'	P_3'	P_4'	P_5'	P_6'	P_7'	P_8'
a	c	a	c	b	d	b	d
c	a	c	a	d	b	d	b
b	b	d	d	a	a	c	c
d	d	b	b	c	c	a	a

我们接下来为序列二分偏好约束提供一个逻辑解释。为此，我们考虑一组物品可能的属性。每一个物品都可以客观地判定是否具有这些属性。假设参与人是按照字典逻辑（lexicographic rationale）形成自己对物品的偏好的。具体如下：他首先确定是否认为第一个属性是好的。如果是，那么他认为所有具有这一属性的物品好于不具有这一属性的物品。接下来，同样的逻辑应用于第二个、第三个属性，等等。[①] 下面的例子给出了一个具体的情况。

① 字典偏好逻辑在经济学研究中有着重要的位置（Mandler M et al.，2012）。

例子 5.3 四个物品 {a, b, c, d} 为四款不同的汽车，我们将考虑其三个属性，排序为：是否自动挡，是否 SUV，价格是否超过 20 万元人民币。

在这种情况下，一个所谓二元通道［具体可参考例子 5.1 中的 $(\mathbf{A}'_t)_{t=1}^4$］可以被认为是按照顺序检查上述三个属性产生的物品的分割精炼。首先，{a, b, c, d} 被根据第一个属性分割成两个子集：{a, c} 和 {b, d}。接下来，{a, c} 被根据第二个属性分割成 {a} 和 {c}。同样，{b, d} 被根据第三个属性分割成 {b} 和 {d}。

这样，例子 5.1 中的序列二分偏好域 $\mathbb{D}'$ 就可以被按照字典逻辑解释如下：假设某位参与人认为三个属性都是好的，那么其偏好如下实现。首先，因为他认为自动挡是好的，所有自动挡的汽车就被认为比所有手动挡的好，也就是说 a, c 要比 b, d 好。接下来，因为他认为 SUV 更好，a 就会被认为比 c 好。最后，因为他认为价格低于 20 万元比较好，b 被认为比 d 好。这样的逻辑产生的偏好就是 $P'_1 \in \mathbb{D}'$。读者可以验证，如果参与人认为只有第三个属性是好的，那么最终产生的偏好就是 $P'_7 \in \mathbb{D}'$。这样，对属性的不同态度就会产生不同的偏好，但其逻辑过程是一样的。

根据定义，为验证一个偏好域为一个 SDD，需要给定一个二元通道。也就是说，对于一个有多位参与人的机制设计问题，我们上面对 SDD 的解释需要假设参与人是根据同一个属性序列产生其偏好的。这一假设对于我们所关心的集体分配机制设计而言，在很多时候是可以接受的。比如说，当对物品的衡量需要一些专业建议的时候，因为社会上的所谓专业建议基本是一样的，我们的假设在很大程度上就是可以接受的。另外，集体分配中的实施者甚至本身就是专业意见的发布者。

在本节的最后，我们列出序列二分偏好域的几个特性。

备注 5.2 一个序列二分偏好域满足所谓的最小丰富性（minimal richness），也就是说每一个物品都可以被认为是最好的。具体来讲就是对任意 $a \in A$，存在一个偏好 P_i 满足 $r_1(P_i) = a$，这一点可以从例子 5.1 中看出。

备注 5.3 两个不同的二元通道所定义的序列二分偏好域可能是相同的，比如说，考虑例子 5.1 中的偏好域 $\mathbb{D}'$。我们已经知道，它可以被 $(\mathbf{A}'_t)_{t=1}^4$ 定义为一个序列二分偏好域。其实它也可以被以下二元通道定义：$(\mathbf{A}''_t)_{t=1}^4$。这里 $\mathbf{A}''_3 \equiv \{\{a, c\}, \{b\}, \{d\}\}$，并且对其他 t = 1, 2, 4 有 $\mathbf{A}''_t \equiv \mathbf{A}'_t$。

备注 5.4　我们在第三章引入了限制阶层偏好域，并证明如果一个偏好域上存在一个同时满足防策略性、效率性、公平对待性的随机分配机制，那么这个偏好域一定包含在限制阶层偏好域的某个并集里。文献中已知 PS 机制在任何偏好域上都是满足效率性和公平对待性的。下一节中定理 5.1 将会证明 PS 在序列二分偏好域上还满足防策略性。那么，我们可以得到的一个推论是：序列二分偏好域包含在某个限制阶层偏好域的并集里。对此，请考虑例子 5.1 中的偏好域$\mathbb{D}$，我们已知它是一个序列二分偏好域。接下来，我们考虑以下四个限制阶层结构。

$\mathcal{P}^1$	$\mathcal{P}^2$	$\mathcal{P}^3$	$\mathcal{P}^4$
{a, c}	{d}	{b}	{b}
{d}	{a, c}	{a, c}	{d}
{b}	{b}	{d}	{a, c}

这四个限制阶层结构对应的偏好域分别为：$\mathbb{D}(\mathcal{P}^1)=\{P_1, P_2\}$，$\mathbb{D}(\mathcal{P}^2)=\{P_3, P_4\}$，$\mathbb{D}(\mathcal{P}^3)=\{P_5, P_6\}$，$\mathbb{D}(\mathcal{P}^4)=\{P_7, P_8\}$。这样，读者就可以直观地看出序列二分偏好域$\mathbb{D}$就是这四个限制阶层偏好域的并集。这样的关系对于任意的序列二分偏好域都是成立的。

第二节　定义在序列二分偏好域上的 PS 机制

本节将给出两个关于 PS 机制的结论：定理 5.1 证明 PS 机制在序列二分偏好域上满足防策略性；定理 5.2 证明任何序列二分偏好域都是 PS 机制满足防策略性的极大偏好域。

定理 5.1　在任意序列二分偏好域上，PS 机制满足防策略性。

定理 5.1 由引理 5.1，引理 5.2 以及定理 4.1 证明。

引理 5.1　任意序列二分偏好域都是通道内嵌的。

我们将引理 5.1 的证明留给读者。这里我们提醒读者，第四章第三节中所展示的通道内嵌却不连通的偏好域其实就是一个序列二分偏好域。根据定理 4.1 以及引理 5.1，要证明 PS 机制在 SDD 上满足防策略性，只需要证明块相邻防策略性。引理 5.2 比我们所需的更强，而且可能在其他关于 PS 机制的研究中有用。

引理 5.2　给定任意的偏好组合 $P \in \mathbb{P}^n$ 以及偏好 $\tilde{P}_i \in \mathbb{P}$，如果存在两个非空集合 A_1，$A_2 \subset A$ 满足以下条件：

（1）对任意 $j \in I$ 都有 A_1、A_2 以及 $A_1 \cup A_2$ 在 P_j 中集聚

（2）$\tilde{P}_i$ 和 P_i 是块相邻的，并且被反转的块就是 A_1 和 A_2

（3）对任意 $a \in A_1$ 以及 $b \in A_2$ 都有 aP_1b 以及 $b\tilde{P}_1a$

那么

（1）对任意 $a \in A_1$ 有 $PS_{1a}(P) \geqslant PS_{1a}(\tilde{P}_1, P_{-1})$

（2）对任意 $b \in A_2$ 有 $PS_{1b}(P) \leqslant PS_{1b}(\tilde{P}_1, P_{-1})$

（3）对任意 $x \in A \setminus A_1 \cup A_2$ 有 $PS_{1x}(P) = PS_{1x}(\tilde{P}_1, P_{-1})$

引理 5.2 的证明见本章附录。

备注 5.5　引理 5.2 讲的是，如果一位参与人 i 将其偏好中相邻的两个块 A_1 和 A_2 反转了，并且 A_1，A_2，$A_1 \cup A_2$ 在其他参与人的偏好中都是集聚的，那么对 i 来讲，位次下降的物品被赋予的概率就会下降或者保持不变，位次上升的物品被赋予的概率就会上升或者保持不变，而且位次不变的物品的概率保持不变。这一结论在两点上要强于 PS 机制在序列二分偏好域上满足块相邻防策略性。首先，引理 5.2 并不要求参与人的偏好来自一个序列二分偏好域，其要求的是 A_1、A_2 以及 $A_1 \cup A_2$ 在所有参与人的偏好中集聚。其次，块相邻防策略性并不要求位次下降的物品的概率下降或保持不变。比如，参与人 i 的偏好从 $a>b>c>d$ 变成了 $c>a>b>d$。块相邻防策略性要求其获得 a，b 的概率加总下降或者保持不变。需要注意的是，它允许 b 的概率上升，只要 a 概率下降的幅度更大就可以。

有了定理 5.1，我们问的下一个问题就是，有没有可能将 SDD 扩大的同时保证 PS 机制依然满足防策略性？下面的定理回答了这个问题。

定理 5.2　任意序列二分偏好域都是 PS 机制满足防策略性的极大偏好域。

定理 5.2 的证明见本章附录。具体来讲，我们证明了以下命题：给定一个任意的序列二分偏好域 $\mathbb{D}$ 以及任意一个不在其内的偏好 $\tilde{P}_0 \in \mathbb{P} \setminus \mathbb{D}$，我们构造了偏好域之内的两个偏好 P_0，$\bar{P}_0 \in \mathbb{D}$。之后，我们用这三个偏好构造了两个偏好组合，这两个偏好组合的唯一差别就是有且只有一位参与人的偏好发生了变化。最后我们推导出 PS 机制给这两个偏好组合确定的随机分配，并证明防策略性不再被满足。证明中所构造的偏好组合和例子 3.1 类似，只是我们这里涉及的是两个物品块的反转而不是两个物品位次的反转。

本节的剩余部分将讨论两个相关的问题。

第一个问题与一篇研究 PS 随机分配的效率性的文章相关（Cho W J, 2016）。这篇文章给出了一个在偏好组合上的条件，这一条件能保证 PS 机制所给出的结果是唯一满足效率性和无嫉妒性的随机分配。这一条件叫作递归可分割（recursive decomposability），由于其结构，读者可能产生一个问题：PS 机制在一个序列二分偏好域上是不是唯一同时满足上述两个条件的机制？下面的例子给出了否定的答案。

例子 5.4　给定一个二元通道 $(\mathbf{A}_t)_{t=1}^4$：$\mathbf{A}_1=\{\{a, b, c, d\}\}$，$\mathbf{A}_2=\{\{a, b\}, \{c, d\}\}$，$\mathbf{A}_3=\{\{a, b\}, \{c\}, \{b\}\}$，$\mathbf{A}_4=\{\{a\}, \{b\}, \{c\}, \{d\}\}$。考虑如下的偏好组合 P。读者可以尝试验证，这里所涉及的偏好都是在上述通道所定义的序列二分偏好域上的。我们接下来构造一类随机分配，其中每一个都附有一个参数 $\alpha\in[1/4, 3/4]$，如下所示：

$$P=\begin{pmatrix} a & \succ & b & \succ & c & \succ & d \\ c & \succ & d & \succ & a & \succ & b \\ c & \succ & d & \succ & a & \succ & b \\ c & \succ & d & \succ & a & \succ & b \end{pmatrix} \quad L^{\alpha}=\begin{pmatrix} & a & b & c & d \\ 1: & \alpha & 1-\alpha & 0 & 0 \\ 2: & (1-\alpha)/3 & \alpha/3 & 1/3 & 1/3 \\ 3: & (1-\alpha)/3 & \alpha/3 & 1/3 & 1/3 \\ 4: & (1-\alpha)/3 & \alpha/3 & 1/3 & 1/3 \end{pmatrix}$$

首先请注意 $PS(P)=L^{3/4}$。我们接下来证明一个随机分配 L 在偏好组合 P 下满足效率性以及无嫉妒性就等价于 $L\in\{L^{\alpha}: \alpha\in[1/4, 3/4]\}$。

充分性：首先无嫉妒性可以根据定义直接证明，我们这里只证明效率性。假设这是不对的，也就是说存在 $L'\neq L$ 并且 $L'P^{sd}L$，那么我们为以下两种情况的每一种都找到一个冲突。情况一：$L_1'\neq L_1$。那么 $L_1'P_1^{sd}L_1$ 可以推出 $L_{1a}'>L_{1a}=\alpha$ 以及 $L_{1c}'=L_{1d}'=0$。随机分配的定义以及对 i=2, 3, 4 有 $L_i'P_i^{sd}L_i$，继而可以推出 $L_{ic}'=L_{ic}=1/3$，$L_{id}'=L_{id}=1/3$，对 i=2, 3, 4 有 $L_{ia}'\geqslant L_{ia}=(1-\alpha)/3$。这样我们就有了一个冲突：$\sum_{i\in I}L'_{ia}>\sum_{i\in I}L_{ia}=1$。情况二：$L_1'=L_1$。在这种情况下，随机分配的定义以及对 i=2, 3, 4 有 $L_i'P_i^{sd}L_i$ 可以推出对 i=2, 3, 4 有 $L_i'=L_i$，而这和 $L'\neq L$ 是冲突的。

必要性：记 L 为任意的满足效率性以及无嫉妒性的随机分配。首先，效率性推出要么 $L_{1c}=L_{1d}=0$，要么对 i=2, 3, 4 有 $L_{ia}=L_{ib}=0$。随机分配的定义否定了后一种情况的可能。而给定 $L_{1c}=L_{1d}=0$，无嫉妒性推出对 i=2, 3, 4

有 $L_{ic}=L_{id}=1/3$。这可以推出 L 有着 L^{α} 的结构。最后，无嫉妒性又可以推出 $\alpha \in [1/4, 3/4]$。

我们讨论的第二个问题为：序列二分偏好域的极大性是否具有唯一性，或者说，如果已知 PS 机制在一个偏好域上满足防策略性，我们是否可以确定这个偏好域一定是某个序列二分偏好域的子集？下面的例子给出了否定的答案。

例子 5.5 假设 n=4 并且一个偏好域只包括以下两个偏好：

$$P_0: \quad a > b > c > d$$

$$\bar{P}_0: \quad c > a > d > b$$

不难验证 PS 机制在这个偏好域上是满足防策略性的，但是，这样的一个偏好域不是任何序列二分偏好域的子集。

例子 5.4 中的两个偏好所展示的结构其实已经被一些数学以及计算机算法的研究者所注意到（Rossin D and Bouvel M，2006）。这一结构似乎是计算机比较快速地随机产生偏好或者对比两组偏好的障碍。对于计算机算法来讲，为了速度，我们可以将这样的结构人为排除在外，但对于经济学研究来讲，没有任何理由假设参与人的偏好不会显示这样的结构。所以，尽管通过假设将这一结构排除在外可能帮助我们验证序列二分偏好域极大性的唯一性，但笔者不认为这样的研究是有意义的。

第三节 本章小结

在本章，我们找到了一系列偏好域以保证 PS 机制满足防策略性。另外，已知 PS 机制在任何偏好域上都满足效率性以及公平对待性，我们就有了一个可能性定理：在序列二分偏好域上存在同时满足上述性质的随机分配机制。

附 录

一、引理 5.2 的证明

我们首先定义一些后续用到的表达。为此，固定一个偏好组合 P，当我们将 PS 机制应用到这一偏好组合的时候，根据其定义会产生一系列时间、剩余量以及累计量的序列（请参看第二章中 PS 机制的定义）。我们将其记为 $\varepsilon \equiv (t^v, A^v, L^v)_{v=0}^{\bar{v}}$，并称之为吃蛋糕的过程。具体来讲，对每一个 $v \in \{0, \cdots, \bar{v}\}$，$A^v$ 是记录了在时间点 t^v 尚有剩余的物品，也就是说，如果一个物品有 $a \in A^{v-1} \setminus A^v$，那么它在 t^{v-1} 尚有剩余，而在 t^v 就被吃完了。对每一个物品 $a \in A$，记 $t_a \equiv t^v$ 为其被吃完的时间点，也就是说 $a \in A^{v-1} \setminus A^v$。

根据定义，一个序列二分偏好域可以被表示成一系列偏好域的交集，而每一个这样的偏好域包含的偏好都符合一个分割。因此，为了解 PS 机制应用在序列二分偏好域上的情况，我们首先将 PS 机制应用于某个服从于一个分割的偏好域上，并总结其规律。

为此，给定一个分割 $\mathbf{A}$ 以及一个偏好组合 $P \in \mathbb{D}_{\mathbf{A}}^n$。假设 $\{a, b\} \in \mathbf{A}$ 是分割 $\mathbf{A}$ 中的一个块，那么，对每个参与人来说，要么 a 排在 b 前面要么 b 排在 a 前面。所以，如果 a 在 b 之前被吃完，也就是 $t_a < t_b$，那么认为 a 比 b 好的参与人会在时间点 t_a 从吃 a 换成吃 b，而其他参与人会依然吃 b，并且所有人都在时间点 t_b 将 b 吃完。反过来，假设 $t_b < t_a$，那么认为 b 好于 a 的参与人会在时间点 t_b 从吃 b 换成吃 a，而其他参与人会依然吃 a，并且所有人在时间点 t_a 将 a 吃完。所以，当我们关注的对象不是一个一个物品而是其形成的一个一个块，我们可以忽略掉吃物品过程中的一些信息。比如，如果 $\{a, b\}$ 是一个块。如果 a 在 b 比之前被吃完，那么我们只需要记录 t_b；如果 b 在 a 比之前被吃完，那么我们只需要记录 t_a。所以，我们需要记录的时间点是 $\max_{x \in \{a,b\}} t_x$。

严格来讲，我们定义 $\varepsilon|_{\mathbf{A}} \equiv (t^v|_{\mathbf{A}}, A^v|_{\mathbf{A}}, L^v|_{\mathbf{A}})$ 如下。我们用 $V|_{\mathbf{A}} \equiv \{v \in \{0, \cdots, \bar{v}\} \mid \exists A_k \in \mathbf{A} \text{ s.t. } t^v = \max_{a \in A_k} t_a\}$ 记录块被吃完的步骤计数。

- $t^v|_{\mathbf{A}}$ 是序列 $(t^v)_{v=0}^{\bar{v}}$ 中和 $V|_{\mathbf{A}}$ 相关的记录，也就是块被吃完的时间点。
- $A^v|_{\mathbf{A}}$ 是序列 $(A^v)_{v=0}^{\bar{v}}$ 中和 $V|_{\mathbf{A}}$ 相关的记录。
- $L^v|_{\mathbf{A}}$ 记录块所获得的累计份额 $[L_{iA_k}^v]_{i \in I, A_k \in \mathbf{A}}$。这里 v 只和 $V|_{\mathbf{A}}$ 相关，

而 $L_{iA_k}^v \equiv \sum_{a \in A_k} L_{ia}^v$。

当我们只记录精确到块的信息，我们就立刻可以意识到，如果参与人的偏好发生了一些变化，而这些变化不涉及块的排序，只涉及块内部的物品的排序的变化，那么我们所记录的信息就应该保持不变，下面是一个具体的例子。

例子 考虑两个偏好组合 $P \equiv (P_1, P_2, P_5, P_6)$ 和 $\bar{P} \equiv (P_3, P_2, P_5, P_6)$，

里面的具体偏好来自例子5.1。图5-2显示了物品被吃的过程。

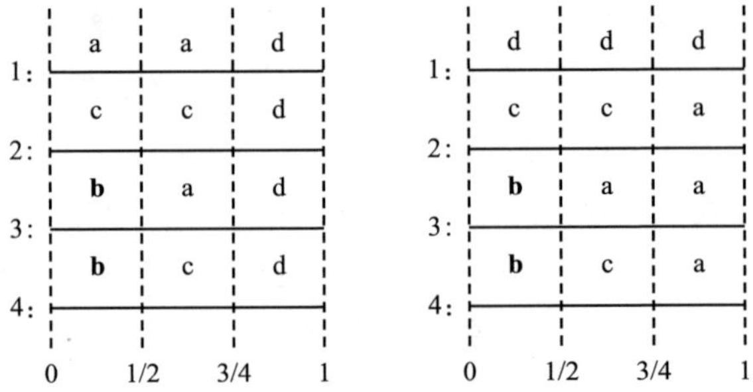

图5-2 一个吃蛋糕的例子

资料来源：Liu P. Random assignments on sequentially dichotomous domains [J]. Games and Economic Behavior, 2020 (121): 565-584.

如果读者还能记得，我们已知这些偏好都服从一个分割 $\mathbf{A}_2=\{\{a, c, d\}, \{b\}\}$，所以，精确到 $\mathbf{A}_2$ 的信息在这两个偏好组合上就应该是一样的。也就是：在时间段 (0, 1/2]，参与人1和参与人2吃 {a, c, d} 而参与人3和参与人4吃 {b}。接下来在时间段 (1/2, 1]，所有人一起吃 {a, c, d}。

我们接下来将上述例子观察到的规律严格定义。首先，给定一个分割 **A**，一个服从它的偏好 $P_0\in\mathbb{D}_{\mathbf{A}}$ 很自然地给出了所涉及的块的一个偏好：我们说一个块比另一个块更好，如果前者所包含的物品在 P_0 的位次都比后者所包含物品的位次高。给定分割 **A**，我们记 $\mathbb{P}(\mathbf{A})$ 为所有块的偏好的集合。

定义　给定一个分割 **A** 以及两个偏好 $P_0^A\in\mathbb{P}(\mathbf{A})$ 以及 $P_0\in\mathbb{D}_A$，如果对任意 A_k，$A_l\in\mathbf{A}$ 都有 $[A_kP_0^{\mathbf{A}}A_l]\Leftrightarrow[\forall a\in A_k, b\in A_l, aP_0b]$，我们说 $P_0^{\mathbf{A}}$ 由 P_0 定义。

一个偏好所定义的块的偏好是唯一的，但是，同一个块的偏好可能由两个不同的偏好定义。类似例子5.1中，P_1 和 P_3 定义了同一个在分割 $\mathbf{A}_2$ 上的偏好：$\{a, c, d\}>\{b\}$。

这样我们就有下面的引理。

引理5.3　对任意偏好组合 P，$\bar{P}\in\mathbb{D}_{\mathbf{A}}^n$，如果对所有参与人 $i\in I$ 都有 $P_i^{\mathbf{A}}=\bar{P}_i^{\mathbf{A}}$，那么 $\varepsilon|_{\mathbf{A}}=\bar{\varepsilon}|_{\mathbf{A}}$。这进一步推出对所有参与人 $i\in I$ 以及所有块 $A_k\in\mathbf{A}$ 都有 $\sum_{a\in A_k}PS_{ia}(P)=\sum_{a\in A_k}PS_{ia}(\bar{P})$。

接下来我们开始证明引理 5.2。为此，记 $L \equiv PS(P)$ 以及 $\tilde{L} \equiv PS(\tilde{P}_1, P_{-1})$，在这两个偏好组合下的吃的过程被标记如下：

$$\varepsilon \equiv (t^v, A^v, [L_{ia}^v]_{i \in I, a \in A})_{v=0}^{\bar{v}} \text{以及} \tilde{\varepsilon} \equiv (\tilde{t}^v, \tilde{A}^v, [\tilde{L}_{ia}^v]_{i \in I, a \in A})_{v=0}^{\bar{\tilde{v}}}$$

为简化标记，令 $B \equiv \{a \in A \mid aP_1x, \ \forall x \in A_1 \cup A_2\}$ 以及 $C \equiv A \setminus (A \cup A_1 \cup A_2)$。根据定义，这两个块对于 $\tilde{P}_1$ 是一样的。我们最后的准备工作是如下标记的定义。

- 对任意 $a \in A$，t_a 和 $\tilde{t}_a$ 分别记录 a 在 ε 以及 $\tilde{\varepsilon}$ 被吃完的时间点。
- 对任意块 $D \subset A$，$t_D \equiv \max\{t_a: a \in D\}$ 和 $\tilde{t}_D \equiv \max\{\tilde{t}_a: a \in D\}$ 分别记录 D 在 ε 以及 $\tilde{\varepsilon}$ 被吃完的时间点。
- 对任意 $a \in A$ 以及 $v \in \{0, 1, \cdots, \bar{v}\}$，$S_a(t^v) \equiv 1 - \sum_{i \in I} L_{ia}^v$ 记录在 ε 中的时间点 t^v 时，a 尚有的剩余量。同样，对任意 $a \in A$ 以及 $\tilde{v} \in \{0, 1, \cdots, \bar{\tilde{v}}\}$，$S_a(t^{\tilde{v}}) \equiv 1 - \sum_{i \in I} L_{ia}^{\tilde{v}}$ 记录在 $\tilde{\varepsilon}$ 中的时间点 $t^{\tilde{v}}$ 时，a 尚有的剩余量。

我们用三个步骤证明引理 5.2。

第一步：对任意 $a \in A \setminus (A_1 \cup A_2)$ 有 $L_{1a} = \tilde{L}_{1a}$。

考虑一个分割 $\mathbf{A} \equiv \{A_1 \cup A_2, \{a\}: a \in A \setminus (A_1 \cup A_2)\}$。因为 P_1 和 $\tilde{P}_1$ 的唯一差别就在于 A_1 和 A_2 位次的一个反转，所以 $P_1^{\mathbf{A}} = \tilde{P}_1^{\mathbf{A}}$。那么，根据引理 5.3 我们就证明了第一步。进一步，我们有以下事实：

事实 5.1　一个参与人如果吃 $A_1 \cup A_2$ 中的物品，那么他在 ε 以及 $\tilde{\varepsilon}$ 中开始吃这些物品的时间点是一样的。

事实 5.2　一个参与人如果吃 $A_1 \cup A_2$ 中的物品，那么他在 ε 以及 $\tilde{\varepsilon}$ 中停止吃这些物品的时间点是一样的。

事实 5.3　$t_B = \tilde{t}_B$，也就是说 B 在 ε 以及 $\tilde{\varepsilon}$ 中被吃完的时间点是一样的。并且，对任意 $a \in A_1 \cup A_2$，$S_a(t_B) = \tilde{S}_a(t_B)$。也就是说当 B 被吃完时，$A_1 \cup A_2$ 中的每一个物品在 ε 以及 $\tilde{\varepsilon}$ 中的剩余量都是一样的。

第二步：对任意 $a \in A_1$ 有 $L_{1a} \geqslant \tilde{L}_{1a}$。

如果 $\sum_{a \in A_1} S_a(t_B) = 0$，也就是说当 B 被吃完、参与人 1 想要吃 A_1 时，发现 A_1 已经被吃完了。这种情况下，事实 5.3 会推出对任意 $a \in A_1$ 有 $L_{1a} = \tilde{L}_{1a} = 0$。所以这种情况下我们要的结论就是直接可得的。

如果 $\sum_{a \in A_2} S_a(t_B) = 0$，也就是说，当 B 被吃完时 A_2 已经被吃完了，那么

$\varepsilon=\tilde{\varepsilon}$ 同时也推出对任意 $a\in A_1$ 有 $L_{1a}=\tilde{L}_{1a}$。所以这种情况下我们要的结论也是直接可得的。

如果 $\sum_{a\in A_1}\tilde{L}_{1a}=0$，那么我们要的结论也是直接可得的。

所以，我们证明在以下情况下的结论：$\sum_{a\in A_1}S_a(t_B)>0$，$\sum_{a\in A_2}S_a(t_B)>0$，$\sum_{a\in A_1}\tilde{L}_{1a}>0$。为此，请注意，在 ε 中，t_B 就是参与人 1 开始吃 A_1 的时间，在 $\tilde{\varepsilon}$ 中的时间点 t_B，参与人 1 会开始吃 A_2，并且当 A_2 被吃完时开始吃 A_1。所以，$\tilde{t}_{B\cup A_2}>\tilde{t}_B=t_B$ 就是在 $\tilde{\varepsilon}$ 中 1 开始吃 A_1 的时间点。这里最关键的是相比在 ε 中，1 在 $\tilde{\varepsilon}$ 中开始吃 A_1 的时间更晚。因此，为证明第二步我们只需要证明以下声明。

声明 5.1　对任意 $a\in A_1$ 都有 $S_a(t_B)\geqslant\tilde{S}_a(\tilde{t}_{B\cup A_2})$。

上述声明讲的是，当 1 想要吃 A_1 时，在 $\tilde{\varepsilon}$ 中相对于在 ε 中，A_1 的剩余量更少。

声明 5.2　对任意 $i\in\{j\in I\setminus\{1\}:\sum_{a\in A_1}L_{ja}>0\}$，都有 $t_{U(A_1,P_i)}\geqslant\tilde{t}_{U(A_1,P_i)}$。这里的 $U(A_1,P_i)\equiv\{a\in A:aP_ix,\ \forall x\in A_1\}$ 是 P_i 里位次比 A_1 高的物品的集合。

首先我们注意到，$t_{U(A_1,P_i)}$ 和 $\tilde{t}_{U(A_1,P_i)}$ 分别记录的是在 ε 和 $\tilde{\varepsilon}$ 中 i 开始吃 A_1 的时间点，所以，这个声明说的是，在任意一个时间点，如果一个参与人在 ε 中和参与人 1 抢着吃 A_1，那么在 $\tilde{\varepsilon}$ 中他依然会这么做。因为 $\tilde{t}_{B\cup A_2}>t_B$，为证明声明 5.1，我们只需证明以下命题：对任意 $i\in\{j\in I\setminus\{1\}:\sum_{a\in A_1}L_{ja}>0$ 且 $t_{U(A_1,P_j)}<t_B\}$ 都有 $t_{U(A_1,P_i)}\geqslant\tilde{t}_{U(A_1,P_i)}$。也就是说，如果参与人 $i\in I\setminus\{1\}$ 在 ε 中在 t_B 之前开始吃 A_1，那么在 $\tilde{\varepsilon}$ 中，他开始吃 A_1 的时间点只会更早。而这一论断是可以由声明 5.2 推出的。所以我们接下来就只需要证明声明 5.2。

为此，首先回想到，事实 5.1 已经给出每一位参与人在 ε 和 $\tilde{\varepsilon}$ 中开始吃 $A_1\cup A_2$ 的时间点是一样的，那么对任意 $i\in I\setminus\{1\}$，如果 $\sum_{a\in A_1}L_{ia}>0$ 并且对 $a\in A_1$ 和 $b\in A_2$ 有 aP_ib，那么他在 ε 和 $\tilde{\varepsilon}$ 中开始吃 A_1 的时间是一样的。如果对 $a\in A_1$ 和 $b\in A_2$ 有 bP_ia，因为我们知道这个参与人会在 A_2 被吃完的时候立即开始吃 A_1，所以我们只需要证明 $t_{B\cup A_2}>\tilde{t}_{B\cup A_2}$。而这一点可以从在偏好组合 P 以及 $(\tilde{P}_1, P_{-1})$ 相对于分割 $\{A_1, A_2, \{a\in A: a\notin A_1\cup A_2\}\}$ 的过程看出。所以，我们已经证明对任意 $i\in I\setminus\{1\}$ 以及 $\sum_{a\in A_1}L_{ia}>0$，如果他认为 A_1 比

A_2 好，那么他开始吃 A_1 的时间点不会变化。而如果他认为 A_2 比 A_1 好，那么他开始吃 A_1 的时间点就会更早。这样，我们就证明了第二步。

第三步：对任意 $a \in A_2$ 都有 $L_{1a} \leqslant \tilde{L}_{1a}$。

我们只需要把第二步中 P_1 和 $\tilde{P}_1$ 的角色互换就可以得到第三步。

二、定理 5.2 的证明

记$\mathbb{D}$为任意一个序列二分偏好域，记 $(\mathbf{A}_t)_{t=1}^{n}$为对应的一个二元通道，记 $\tilde{P}_0 \in \mathbb{P} \setminus \mathbb{D}$为任意一个$\mathbb{D}$之外的偏好。我们将证明定义在$\mathbb{D} \cup \tilde{P}_0$ 上的 PS 机制不满足防策略性。严格来讲，我们研究的机制如下：

$$PS: (\mathbb{D} \cup \{\tilde{P}_0\})^n \to \mathcal{L}$$

根据定义，$\mathbb{D} = \cup_{t=1}^{n} \mathbb{D}_{\mathbf{A}_t}$，令 $\underline{t} \equiv \min\ \{t = 1, \cdots, n: \tilde{P}_0 \notin \mathbb{D}_{\mathbf{A}_t}\}$。因为 $\tilde{P}_0$ 是服从 $\mathbf{A}_1 = A$ 的，我们有 $\underline{t} \geqslant 2$。根据本章正文的定义，从 $\mathbf{A}_{\underline{t}-1}$到 $\mathbf{A}_{\underline{t}}$，一个块 $A_{(\underline{t}-1)*}$被细分为两个块 $\mathbf{A}_{\underline{t}1}$以及 $\mathbf{A}_{\underline{t}2}$。记 $a \equiv r_1(\tilde{P}_0, A_{(\underline{t}-1)*})$ 为根据 $\tilde{P}_0$ 在 $A_{(\underline{t}-1)*}$中最好的物品。我们可以假设 $a \in A_{\underline{t}1}$。另外，记 $c \equiv r_1(\tilde{P}_0, A_{\underline{t}2})$ 为根据 $\tilde{P}_0$ 在 $A_{\underline{t}2}$中最好的物品。因为 $\tilde{P}_0$ 并不服从 $\mathbf{A}_{\underline{t}}$，所以一定存在一个物品 $b \in A_{\underline{t}1} \setminus \{a\}$ 比 c 差。因此，记 $b \equiv r_1\ (\tilde{P}_0, \{x \in A_{\underline{t}1}: c\tilde{P}_0 x\})$ 为 $A_{\underline{t}1}$里比 c 差的物品当中最好的。另外，记 $C \equiv\ \{x \in A_{\underline{t}1} \setminus \{a\}: x\tilde{P}_0 c\}$。这里注意，C 有可能是空集。用我们上面定义的标记就可以将 $\tilde{P}_0$ 展示如下：

$$\tilde{P}_0:\quad \cdots\cdots > \quad \overbrace{a > \cdots C \cdots > c > \cdots > b > \cdots > \cdots\cdots}^{A_{(\underline{t}-1)*}} \quad > \cdots\cdots$$

存在唯一的 $\bar{t} > \underline{t}$ 使对任意 a，$b \in A_{(\bar{t}-1)*}$都有 $a \in A_{\bar{t}1}$以及 $b \in A_{\bar{t}2}$。换句话说就是，从 $\mathbf{A}_{\bar{t}-1}$到 $\mathbf{A}_{\bar{t}}$，a 和 b 就被分到了不同的块里面。记 $B \equiv A_{\bar{t}1} \setminus \{a\}$，记 $D \equiv A_{\bar{t}2} \setminus \{b\}$。这里注意，B 和 D 都有可能是空集。

接下来我们在$\mathbb{D}$中找两个偏好 P_0，$\bar{P}_0 \in \mathbb{D}$，并构造两个只使用 $\tilde{P}_0$、P_0、$\bar{P}_0$ 的偏好组合。最后我们证明在这两个偏好组合之间存在有利的谎言。为此，我们考虑以下四种情况。

情况 1：$C = \emptyset$ 或 $r_1(\tilde{P}_0, C) \notin B \cup D$。

因为 $\tilde{P}_0$ 服从 $\mathbf{A}_{\underline{t}-1}$，所以我们可以定义 $\tilde{P}_0^{\mathbf{A}_{\underline{t}-1}}$。令 $P_0^{\mathbf{A}_{\underline{t}-1}} = \bar{P}_0^{\mathbf{A}_{\underline{t}-1}} = \tilde{P}_0^{\mathbf{A}_{\underline{t}-1}}$，记 $A_{(\bar{t}-1)*}$为根据 P_0 和 $\bar{P}_0$ 在 $\mathbf{A}_{\bar{t}-1}$中位次最高的块。令 $A_{\bar{t}1} P_0^{\mathbf{A}_{\bar{t}}} A_{\bar{t}2}$以及 $A_{\bar{t}2} \bar{P}_0^{\mathbf{A}_{\bar{t}}} A_{\bar{t}1}$。接下来，记 a 为根据 P_0 和 $\bar{P}_0$ 在 $A_{\bar{t}1}$中位次最高的物品。同样，记 b 为 $A_{\bar{t}2}$中位次最高的物品。最后，令 P_0 和 $\bar{P}_0$ 将同一个块中的物品以相同的方式排序。这

样，我们就有 P_0，$\bar{P}_0 \in \mathbb{D}$，如下所示：

$$P_0: \quad \cdots\cdots > \overbrace{a > \cdots B \cdots}^{=A_{\ell 1}} > \overbrace{b > \cdots D \cdots}^{=A_{\ell 2}} > \cdots > c \cdots\cdots \quad > \cdots\cdots$$

$$\bar{P}_0: \quad \cdots\cdots > \overbrace{b > \cdots D \cdots}^{=A_{\ell 2}} > \overbrace{a > \cdots B \cdots}^{=A_{\ell 1}} > \cdots > c \cdots\cdots \quad > \cdots\cdots$$

令 $P \equiv (\tilde{P}_1, P_2, P_3, \cdots, P_n)$，令 $P' \equiv (\tilde{P}_1, \bar{P}_2, P_3, \cdots, P_n)$。我们接下来计算 PS 机制给这两个偏好组合所确定的随机分配。

PS(P)：	a	B	b	D
1：	$\frac{1}{n}$	0	0	0
2…n：	$\frac{1}{n}$	$\frac{\lvert B\rvert}{n-1}$	$\frac{1}{n-1}$	$\frac{\lvert D\rvert}{n-1}$

对于 P，参与人平均分配 a。接下来，参与人 2 到参与人 n 吃 $B \cup \{b\} \cup D$，如果 C 是空集那么参与人 1 就吃 c，否则他吃 $r_1(\tilde{P}_0, C)$。因为 PS 机制产生的结果是满足效率性的，所以对任意 $x \in B \cup \{b\} \cup D$ 都有 $PS(P)_{1x}=0$。其余的概率可由随机分配的定义推得。

PS(P′)：	a	B	b	D
1：	$\frac{1}{n-1}$	0	0	0
2：	0	0	$\frac{1}{n-1}+\frac{\lvert B\rvert}{n-2}+\frac{1-\frac{1}{n-1}-\frac{\lvert B\rvert}{n-2}}{n-1}$	$\frac{\lvert D\rvert}{n-1}$
3…n：	$\frac{1}{n-1}$	$\frac{\lvert B\rvert}{n-2}$	$\frac{1-\frac{1}{n-1}-\frac{\lvert B\rvert}{n-2}}{n-1}$	$\frac{\lvert D\rvert}{n-1}$

对于 P′，除了参与人 2 以外的参与人会平均分配 a。根据效率性，对任意 $x \in B \cup \{b\} \cup D$ 都有 $PS(P')_{1x}=0$。当除参与人 2 以外的参与人吃 a 的时候，参与人 2 会吃 b。当 a 被吃完时，如果 B 非空，参与人 3 到参与人 n 会开始吃 B，否则他们会开始吃 b；而如果 C 是空集，那么参与人 1 会开始吃 c，否则他开始吃 $r_1(\tilde{P}_0, C)$；参与人 2 会接着吃 b。这样的话，我们就可以看出，B 会在 b 和 $r_1(\tilde{P}_0, C)$ 之前被吃完。在那之后，参与人 3 到参与人 n 就会和参与人 2 一起平均分配剩下的 b。也就是说，他们每个人都会得到 $\left(1-\frac{1}{n-1}-\frac{|B|}{n-2}\right)\Big/(n-1)$ 份额的 b。最后，参与人 2 到参与人 n 会平均分配 D。

这样我们就得到了一个和防策略性的冲突：

$$\text{防策略性} \Rightarrow \sum_{x \in \{a,b\} \cup B \cup D} PS_{2x}(P) = \sum_{x \in \{a,b\} \cup B \cup D} PS_{2x}(P')$$

$$\Rightarrow \frac{1}{n} + \frac{|B|}{n-1} + \frac{1}{n-1} + \frac{|D|}{n-1} = \frac{1}{n-1} + \frac{|B|}{n-2} + \frac{1 - \frac{1}{n-1} - \frac{|B|}{n-2}}{n-1} + \frac{|D|}{n-1}$$

$$\Rightarrow \frac{1}{n(n-1)^2} = 0$$

情况 2：$r_1(\tilde{P}_0,\ C) \in B$。

为找到冲突，我们需要考虑两个细分的情况。给定 $r_1(\tilde{P}_0,\ C) \in B$，令 $B_1 \equiv \max_{k \leqslant |C|}\{U_k(\tilde{P}_0,\ C) \subset B\}$。也就是说，$B_1$ 是 C 里面排在最上面的一个包含了 B 的子集。（$U_k(\tilde{P}_0,\ C) \equiv \{r_1(\tilde{P}_0,\ C),\ \cdots,\ r_k(\tilde{P}_0,\ C)\}$）所以，要么 $B_1 = C$，要么 $r_1(\tilde{P}_0,\ C \setminus B_1)$ 是存在的。我们接下来分别考虑两种情况：(1) $B_1 = C$ 或 $r_1(\tilde{P}_0,\ C \setminus B_1) \notin D$；(2) $r_1(\tilde{P}_0,\ C \setminus B_1) \in D$。

细分情况 1：$B_1 = C$ 或 $r_1(\tilde{P}_0,\ C \setminus B_1) \notin D$。

对于这一细分情况，我们考虑情况 1 中构造的偏好 $\tilde{P}_0$、P_0 以及 $\bar{P}_0$，并且，我们考虑同样的偏好组合 $P \equiv (\tilde{P}_1,\ P_2,\ P_3,\ \cdots,\ P_n)$ 以及 $P' \equiv (\tilde{P}_1,\ \bar{P}_2,\ P_3,\ \cdots,\ P_n)$。

给定 P_0，令 $\bar{B}_1 \equiv \min_{k \leqslant |B|}\{U_k(P_0,\ B):\ (B \setminus U_k(P_0,\ B)) \cap B_1 = \emptyset\}$。因此 $B_1 \subset \bar{B}_1$。我们所需的三个偏好如下所示：

$$\tilde{P}_0:\quad \cdots\cdots > \overbrace{a > B_1 > C \setminus B_1 > c > \cdots > b > \cdots > \cdots\cdots}^{A_{(\underline{t}-1)*}} > \cdots\cdots$$

$$P_0:\quad \cdots\cdots > \overbrace{a > \bar{B}_1 > B \setminus \bar{B}_1}^{=A_{\bar{t}1}} > \overbrace{b > \cdots D}^{=A_{\bar{t}2}} \cdots > \cdots > c\cdots\cdots > \cdots\cdots$$

$$\bar{P}_0:\quad \cdots\cdots > \overbrace{b > \cdots D}^{=A_{\bar{t}2}} \cdots > \overbrace{a > \bar{B}_1 > B \setminus \bar{B}_1}^{=A_{\bar{t}1}} > \cdots > c\cdots\cdots > \cdots\cdots$$

我们接下来计算 PS 机制所产生的随机分配。

PS(P)：	a	B	b	D
1：	$\frac{1}{n}$	$\frac{\lvert\bar{B}_1\rvert}{n}$	0	0
2⋯n：	$\frac{1}{n}$	$\frac{\lvert\bar{B}_1\rvert}{n} + \frac{\lvert B \setminus \bar{B}_1\rvert}{n-1}$	$\frac{1}{n-1}$	$\frac{\lvert D\rvert}{n-1}$

对于 P，首先，所有参与人平均分配 a。当 a 被吃完的时候，参与人 1 会

开始吃 B_1 而其他参与人会开始吃 $\bar{B}_1$。注意，参与人 1 停止吃 B_1 的时间点和其他人停止吃 $\bar{B}_1$ 的时间点是完全一样的。所以，所有参与人会同时开始吃 $\bar{B}_1$ 并在同一时间点停止。所以，每位参与人吃 $\frac{|\bar{B}_1|}{n}$ 份额的 $\bar{B}_1$。接下来，如果 $B_1=C$，那么参与人 1 开始吃 c，否则他开始吃 $C\backslash B_1$。而其他人开始吃 $B\backslash\bar{B}_1$，接下来是 b 以及 D。这里请注意，根据效率性推出参与人 1 不会吃 b 或者 D。

PS(P′)：

	a	B	b	D
1:	$\frac{1}{n-1}$	$\frac{\lvert\bar{B}_1\rvert}{n-1}$	0	0
2:	0	0	$\frac{1}{n-1}+\frac{\lvert\bar{B}_1\rvert}{n-1}+\frac{\lvert B\backslash\bar{B}_1\rvert}{n-2}+\frac{1-\frac{1}{n-1}-\frac{\lvert\bar{B}_1\rvert}{n-1}-\frac{\lvert B\backslash\bar{B}_1\rvert}{n-2}}{n-1}$	$\frac{\lvert D\rvert}{n-1}$
3⋯n:	$\frac{1}{n-1}$	$\frac{\lvert\bar{B}_1\rvert}{n-1}+\frac{\lvert B\backslash\bar{B}_1\rvert}{n-2}$	$\frac{1-\frac{1}{n-1}-\frac{\lvert\bar{B}_1\rvert}{n-1}-\frac{\lvert B\backslash\bar{B}_1\rvert}{n-2}}{n-1}$	$\frac{\lvert D\rvert}{n-1}$

对于 P′，除参与人 2 以外的所有参与人一起吃 a，而参与人 2 吃 b。接下来，除参与人 2 以外的所有参与人一起吃 $\bar{B}_1$，而参与人 2 依然在吃 b。再接下来，如果 $C=B_1$，那么参与人 1 开始吃 c，否则他开始吃 $C\backslash B_1$。参与人 3 到 n 一起吃 $B\backslash\bar{B}_1$。与此同时，2 依然在吃 b。接下来，除参与人 1 以外的参与人平均分配剩下的 b 以及当 b 被吃完时平均分配 D。其他的为零的概率可由效率性推得。

这样我们就得到了一个和防策略性的冲突。

$$\text{防策略性} \Rightarrow \sum_{x\in\{a,b\}\cup B\cup D} PS_{2x}(P) = \sum_{x\in\{a,b\}\cup B\cup D} PS_{2x}(P')$$

$$\Rightarrow \frac{1}{n}+\frac{|\bar{B}_1|}{n}+\frac{|B\backslash\bar{B}_1|}{n-1}+\frac{1}{n-1}+\frac{|D|}{n-1}$$

$$=\frac{1}{n-1}+\frac{|\bar{B}_1|}{n-1}+\frac{|B\backslash\bar{B}_1|}{n-2}+\frac{1-\frac{1}{n-1}-\frac{|\bar{B}_1|}{n-1}-\frac{|B\backslash\bar{B}_1|}{n-2}}{n-1}+\frac{|D|}{n-1}$$

$$\Rightarrow \frac{1+|\bar{B}_1|}{n(n-1)^2}=0$$

细分情况 2：$r_1(\tilde{P}_0,\ C\backslash B_1)\in D$。

给定 $r_1(\tilde{P}_0,\ C\backslash B_1)\in D$ 令 $D_1\equiv\max_{k\leqslant|C\backslash B_1|}\{U_k(\tilde{P}_0,\ C\backslash B_1)\subset D\}$。类似地，令 $\bar{D}_1\equiv\min_{k\leqslant|D|}\{U_k(P_0,\ D):\ (D\backslash U_k(P_0,\ D))\cap D_1=\varnothing\}$。对于这一细

分情况，我们适用和前面的细分情况相同的偏好以及偏好组合。唯一的小的变动就是在 P_0 里 D 排在 b 之上。三个偏好如下所示：

$$\tilde{P}_0:\ \cdots\cdots > \overbrace{a > B_1 > D_1 > C\setminus(B_1 \cup D_1) > c > \cdots > b > \cdots > \cdots\cdots}^{A_{(\underline{t}-1)*}} > \cdots\cdots$$

$$P_0:\ \cdots\cdots > \overbrace{a > \bar{B}_1 > B\setminus\bar{B}_1}^{=A_{\bar{t}1}} > \overbrace{\bar{D}_1 > D\setminus\bar{D}_1 > b}^{=A_{\bar{t}2}} > \cdots > c\cdots\cdots > \cdots\cdots$$

$$\bar{P}_0:\ \cdots\cdots > \overbrace{b > \cdots D \cdots}^{=A_{\bar{t}2}} > \overbrace{a > \bar{B}_1 > B\setminus\bar{B}_1}^{=A_{\bar{t}1}} > \cdots > c\cdots\cdots > \cdots\cdots$$

接下来我们计算 PS 机制产生的随机分配。

PS(P)：

	a	B	b	D
1：	$\frac{1}{n}$	$\frac{\lvert\bar{B}_1\rvert}{n}$	0	$\frac{\lvert B\setminus\bar{B}_1\rvert}{n-1}+\frac{\lvert\bar{D}_1\rvert-\frac{\lvert B\setminus\bar{B}_1\rvert}{n-1}}{n}$
2…n：	$\frac{1}{n}$	$\frac{\lvert\bar{B}_1\rvert}{n}+\frac{\lvert B\setminus\bar{B}_1\rvert}{n-1}$	$\frac{1}{n-1}$	$\frac{\lvert\bar{D}_1\rvert-\frac{\lvert B\setminus\bar{B}_1\rvert}{n-1}}{n}+\frac{\lvert D\setminus\bar{D}_1\rvert}{n-1}$

对于 P，所有参与人平均分配 a 以及 $\bar{B}_1$。接下来，参与人 1 开始吃 D_1 而其他人开始吃 $B\setminus\bar{B}_1$。显而易见 $B\setminus\bar{B}_1$ 会更块被吃完，之后参与人 2 到参与人 n 会加入参与人 1 和他一起吃 $\bar{D}_1$。当 $\bar{D}_1$ 被吃完的时候，如果 $C\setminus(B_1 \cup D_1)=\varnothing$，那么参与人 1 开始吃 c，否则，他开始吃 $C\setminus(B_1 \cup D_1)$。参与人 2 到参与人 n 平均分配 $D\setminus\bar{D}_1$。

PS（P′）：

	a	B	b	D
1：	$\frac{1}{n-1}$	$\frac{\lvert\bar{B}_1\rvert}{n-1}$	0	$\frac{\lvert B\setminus\bar{B}_1\rvert}{n-2}+\frac{\lvert\bar{D}_1\rvert-\frac{\lvert B\setminus\bar{B}_1\rvert}{n-2}}{n-1}$
2：	0	0	$\alpha+\frac{1-\alpha}{n-1}$	0
3…n：	$\frac{1}{n-1}$	$\frac{\lvert\bar{B}_1\rvert}{n-1}+\frac{\lvert B\setminus\bar{B}_1\rvert}{n-2}$	$\frac{1-\alpha}{n-1}$	$\frac{\lvert\bar{D}_1\rvert-\frac{\lvert B\setminus\bar{B}_1\rvert}{n-2}}{n-1}+\frac{\lvert D\setminus\bar{D}_1\rvert}{n-2}$

这里 $\alpha=\frac{1}{n-1}+\frac{\lvert\bar{B}_1\rvert}{n-1}+\frac{\lvert B\setminus\bar{B}_1\rvert}{n-2}+\frac{\lvert\bar{D}_1\rvert-\frac{\lvert B\setminus\bar{B}_1\rvert}{n-2}}{n-1}+\frac{\lvert D\setminus\bar{D}_1\rvert}{n-2}$。

对于 P′，除参与人 2 以外的参与人平均分配 a。当他们吃 a 的时候，参与人 2 吃 b。当 a 被吃完的时候，除参与人 2 之外的参与人开始吃 $\bar{B}_1$，而参与人 2 依然在吃 b。当 $\bar{B}_1$ 被吃完时，参与人 1 开始吃 D_1，而参与人 3 到参与人 n 会一起开始吃 $B\backslash\bar{B}_1$。同时，参与人 2 依然在吃 b。显然，$B\backslash\bar{B}_1$ 会最块被吃完。接下来，除参与人 2 之外的参与人一起吃 $\bar{D}_1$ 剩余的部分，而参与人 2 依然在吃 b。再接下来，如果 $C\backslash(B_1\cup D_1)=\emptyset$，那么参与人 1 会吃 c。否则他会吃 $C\backslash(B_1\cup D_1)$。参与人 3 到参与人 n 会一起吃 $D\backslash\bar{D}_1$，而参与人 2 依然在吃 b。最后除参与人 1 之外的参与人会一起把 b 吃完。

这样我们就有了一个和防策略性的冲突。

$$\text{防策略性}\Rightarrow \sum_{x\in\{a,b\}\cup B\cup D} PS_{2x}(P) = \sum_{x\in\{a,b\}\cup B\cup D} PS_{2x}(P')$$

$$\Rightarrow \frac{1}{n}+\frac{|\bar{B}_1|}{n}+\frac{|B\backslash\bar{B}_1|}{n-1}+\frac{1}{n-1}+\frac{|\bar{D}_1|-\frac{|B\backslash\bar{B}_1|}{n-1}}{n}+\frac{|D\backslash\bar{D}_1|}{n-1}$$

$$=\alpha+\frac{1-\alpha}{n-1}$$

$$\Rightarrow \frac{|\bar{B}_1|+|B\backslash\bar{B}_1|+|\bar{D}_1|+1}{n(n-1)^2}=0$$

情况 3：$r_1(\tilde{P}_0, C)\in D$ 且 $B\neq\emptyset$。

给定 $r_1(\tilde{P}_0, C)\in D$，令 $D_1\equiv\max_{k\leqslant|C|}\{U_k(\tilde{P}_0, C)\subset D\}$。类似地，令 $\bar{D}_1\equiv\min_{k\leqslant|D|}\{U_k(P_0, D):(D\backslash U_k(P_0, D))\cap D_1=\emptyset\}$。这里我们使用在情况 1 里同样的偏好和偏好组合，如下所示：

$$\tilde{P}_0:\quad \cdots\cdots > \overbrace{a>D_1>C\backslash D_1>c>\cdots>b>\cdots>\cdots\cdots}^{A_{(\underline{t}-1)*}} >\cdots\cdots$$

$$P_0:\quad \cdots\cdots > \overbrace{a>\cdots B\cdots}^{=A_{\bar{t}1}}>\overbrace{b>\bar{D}_1>D\backslash\bar{D}_1}^{=A_{\bar{t}2}}>\cdots>c\cdots\cdots >\cdots\cdots$$

$$\bar{P}_0:\quad \cdots\cdots > \overbrace{b>\bar{D}_1>D\backslash\bar{D}_1}^{=A_{\bar{t}2}}>\overbrace{a>\cdots B\cdots}^{=A_{\bar{t}1}}>\cdots>c\cdots\cdots >\cdots\cdots$$

我们接下来计算 PS 机制产生的随机分配。

PS(P)：	a	B	b	D
1：	$\frac{1}{n}$	0	0	$\frac{\vert B\vert}{n-1}+\frac{1}{n-1}+\frac{\vert\bar{D}_1\vert-\frac{\vert B\vert}{n-1}-\frac{1}{n-1}}{n}$
2…n：	$\frac{1}{n}$	$\frac{\vert B\vert}{n-1}$	$\frac{1}{n-1}$	$\frac{\vert\bar{D}_1\vert-\frac{\vert B\vert}{n-1}-\frac{1}{n-1}}{n}+\frac{\vert D\backslash\bar{D}_1\vert}{n-1}$

对于 P，首先所有参与人平均分配 a。接下来，参与人 1 开始吃 D_1 而其他所有人一起吃 B 和 b。显然 $B\cup\{b\}$ 会先被吃完。在这之后，所有参与人一起把 $\bar{D}_1$ 剩下的部分吃完。接下来，如果 $C\backslash D_1=\varnothing$，那么参与人 1 会开始吃 c。否则，他就吃 $C\backslash D_1$。而其他人一起吃 $D\backslash\bar{D}_1$。

PS(P′):

	a	B	b	D
1:	$\frac{1}{n-1}$	0	0	$\frac{\vert B\vert}{n-1}+\frac{1-\frac{1}{n-1}-\frac{\vert B\vert}{n-1}}{n-1}+\frac{\vert\bar{D}_1\vert-\frac{\vert B\vert}{n-1}-\frac{1-\frac{1}{n-1}-\frac{\vert B\vert}{n-1}}{n-1}}{n}$
2:	0	0	$\frac{1}{n-1}+\frac{\vert B\vert}{n-1}+\frac{1-\frac{1}{n-1}-\frac{\vert B\vert}{n-1}}{n-1}$	$\frac{\vert\bar{D}_1\vert-\frac{\vert B\vert}{n-1}-\frac{1-\frac{1}{n-1}-\frac{\vert B\vert}{n-1}}{n-1}}{n}+\frac{\vert D\backslash\bar{D}_1\vert}{n-1}$
3…n:	$\frac{1}{n-1}$	$\frac{\vert B\vert}{n-1}$	$\frac{1-\frac{1}{n-1}-\frac{\vert B\vert}{n-1}}{n-1}$	$\frac{\vert\bar{D}_1\vert-\frac{\vert B\vert}{n-1}-\frac{1-\frac{1}{n-1}-\frac{\vert B\vert}{n-1}}{n-1}}{n}+\frac{\vert D\backslash\bar{D}_1\vert}{n-1}$

对于 P′，首先是除参与人 2 之外的参与人一起吃 a，同时参与人 2 吃 b。当 a 被吃完时，参与人 1 会开始吃 D_1，参与人 2 依然在吃 b，而其他人会一起吃 B。显然，B 会最先被吃完。在这之后，参与人 3 到参与人 n 会和参与人 2 一起把 b 吃完，而参与人 1 依然在吃 D_1。当 b 被吃完的时候，所有人一起把 $\bar{D}_1$ 吃完。接下来，如果 $C\backslash D_1=\varnothing$，那么参与人 1 会去吃 c。否则他就会去吃 $C\backslash D_1$。而其他人会一起吃 $D\backslash\bar{D}_1$。

这样我们就有了一个和防策略性的冲突。

防策略性$\Rightarrow \sum_{x\in\{a,b\}\cup B\cup D} PS_{2x}(P)=\sum_{x\in\{a,b\}\cup B\cup D} PS_{2x}(P')$

$$\Rightarrow \frac{1}{n}+\frac{|B|}{n-1}+\frac{1}{n-1}+\frac{|\bar{D}_1|-\frac{|B|}{n-1}-\frac{1}{n-1}}{n}+\frac{|D\backslash\bar{D}_1|}{n-1}$$

$$=\frac{1}{n-1}+\frac{|B|}{n-1}+\frac{1-\frac{1}{n-1}-\frac{|B|}{n-1}}{n-1}+\frac{|\bar{D}_1|-\frac{|B|}{n-1}-\frac{1-\frac{1}{n-1}-\frac{|B|}{n-1}}{n-1}}{n}$$

$$+\frac{|D\backslash\bar{D}_1|}{n-1}$$

$$\Rightarrow \frac{|B|}{n(n-1)} = 0$$

情况 4：$r_1(\tilde{P}_0, C) \in D$ 且 $B = \emptyset$。

对于这个情况 $A_{\bar{t}1} = \{a\}$。我们将使用和情况 3 里同样的偏好和偏好组合。唯一的变化是在 P_0 里 D 的位次比 b 要高。

$$\tilde{P}_0: \quad \cdots\cdots > \overbrace{a > D_1 > C\backslash D_1 > c > \cdots > b > \cdots > \cdots\cdots}^{A_{(\underline{t}-1)*}} > \cdots\cdots$$

$$P_0: \quad \cdots\cdots > \overbrace{a}^{=A_{\bar{t}1}} > \overbrace{\bar{D}_1 > D\backslash\bar{D}_1 > b}^{=A_{\bar{t}2}} > \cdots > c\cdots\cdots > \cdots\cdots$$

$$\bar{P}_0: \quad \cdots\cdots > \overbrace{b > \cdots D \cdots}^{=A_{\bar{t}2}} > \overbrace{a}^{=A_{\bar{t}1}} > \cdots > c\cdots\cdots > \cdots\cdots$$

接下来我们计算 PS 机制产生的随机分配。

PS(P)：	a	D	b
1：	$\frac{1}{n}$	$\frac{\lvert\bar{D}_1\rvert}{n}$	0
2⋯n：	$\frac{1}{n}$	$\frac{\lvert\bar{D}_1\rvert}{n} + \frac{\lvert D\backslash\bar{D}_1\rvert}{n-1}$	$\frac{1}{n-1}$

对于 P，首先是所有人一起吃完 a 以及 $\bar{D}_1$。接下来，如果 $C\backslash D_1 = \emptyset$，那么参与人 1 会开始吃 c。否则，他会开始吃 $C\backslash D_1$。与此同时，其他人会一起吃 $D\backslash\bar{D}_1$ 以及接下来的 b。

PS(P′)：

	a	D	b
1：	$\frac{1}{n-1}$	$\frac{\lvert\bar{D}_1\rvert}{n-1}$	0
2：	0	0	$\frac{1}{n-1} + \frac{\lvert\bar{D}_1\rvert}{n-1} + \frac{\lvert D\backslash\bar{D}_1\rvert}{n-2} + \frac{1 - \frac{\lvert\bar{D}_1\rvert}{n-1} - \frac{\lvert D\backslash\bar{D}_1\rvert}{n-2}}{n-1}$
3⋯n：	$\frac{1}{n-1}$	$\frac{\lvert\bar{D}_1\rvert}{n-1} + \frac{\lvert D\backslash\bar{D}_1\rvert}{n-2}$	$\frac{1 - \frac{\lvert\bar{D}_1\rvert}{n-1} - \frac{\lvert D\backslash\bar{D}_1\rvert}{n-2}}{n-1}$

对于 P′，除参与人 2 以外的参与人吃 a，而参与人 2 吃 b。当 a 被吃完时，除参与人 2 之外的参与人会一起吃 $\bar{D}_1$，而参与人 2 依然在吃 b。显然，$\bar{D}_1$ 会先被吃完。接下来，如果 $C\backslash D_1 = \emptyset$，那么参与人 1 会开始吃 c。否则，他会开

始吃 $C\backslash D_1$。而参与人 3 到参与人 n 会一起吃 $D\backslash\bar{D}_1$，参与人 2 依然在吃 b。这样，$D\backslash\bar{D}_1$ 会先被吃完。在这之后，参与人 3 到参与人 n 会和参与人 2 一起把 b 吃完。

这样我们就有了一个和防策略性的冲突。

$$\text{防策略性} \Rightarrow \sum_{x\in\{a,b\}\cup D} PS_{2x}(P) = \sum_{x\in\{a,b\}\cup D} PS_{2x}(P')$$

$$\Rightarrow \frac{1}{n} + \frac{|\bar{D}_1|}{n} + \frac{|D\backslash\bar{D}_1|}{n-1} + \frac{1}{n-1}$$

$$= \frac{1}{n-1} + \frac{|\bar{D}_1|}{n-1} + \frac{|D\backslash\bar{D}_1|}{n-2} + \frac{1 - \frac{|\bar{D}_1|}{n-1} - \frac{|D\backslash\bar{D}_1|}{n-2}}{n-1}$$

$$\Rightarrow |\bar{D}_1| = n-1$$

第六章　组 合 分 配

前面几章所述分配模型有一个核心的假设：每位参与人最多得到一个物品。在本章我们将研究放宽这一假设所带来的新的挑战以及我们发现的新的结论。

第一节　组合分配的模型设置及基本事实

我们依然记 $I \equiv \{1, \cdots, n\}$ 为参与人的集合，记 X 为物品种类的集合。每一种物品 $x \in X$ 的数量是任意的，记为 $q_x \in \{1, 2, \cdots, n-1\}$。这些数量形成的向量标记为 $q = (q_x)_{x \in X}$。记 $m \equiv |X|$ 并假设 $n \geqslant 2$ 以及 $m \geqslant 2$。

一个物品组合，或者简称组合（bundle），就是指 X 的一个子集。所以，所有组合所形成的集合就是 2^X，记为 $\mathrm{X} \equiv 2^X$。这里请注意，我们对组合的定义要求一个组合不可以包含多于一个的相同的物品。这一假设在我们所讨论的分配问题中是合理的。具体请见第三节。在本章，我们用小写英文字母表示物品，比如 $a, b, c, x, y, z \in X$；用大写字母表示物品组合，比如 $A, B, C \in \mathrm{X}$。在需要写出物品组合的构成时，我们有时候会将省去集合符号，比如将 $\{a, b, c\}$ 简写为 abc。

每一位参与人 $i \in I$ 对物品组合有一个严格的偏好，记为 P_i，同时，我们将对应的非严格偏好记为 R_i。也就是说，AR_iB 等价于 $A = B$ 或 AP_iB。严格偏好的集合记为$\mathbb{P}$。和前面类似，给定一个物品组合的子集 $\overline{\mathrm{X}} \subset \mathrm{X}$ 以及一个偏好 $P_i \in \mathbb{P}$，$r_k(P_i, \overline{\mathrm{X}})$ 记录的是排序为第 k 位的组合，也就是说，$|\{A \in \overline{\mathrm{X}}: AR_ir_k(P_i, \overline{\mathrm{X}})\}| = k$。

一个确定性分配可以表示成一个元素为 0 或 1 的矩阵。这一矩阵的每一行对应一位参与人，每一列对应一个物品组合。一个元素为一表示对应的参与人获得了一个对应的组合。每位参与人会得到一个组合，也就是说矩阵的每一行有且只有一个元素为1。这里请注意，因为我们将空集也视为一个物品组合，所以得到一个物品组合并不代表参与人会真的得到任何物品。另外，对每一种物品，如果一共有 q_x 个，那么就会有 q_x 位参与人得到包含这一物品的组合。所以，这里我们假设物品不能被浪费，所有物品必须被分配完。严格来讲，确定性分配定义如下。

定义 6.1　一个确定性分配是一个满足以下两个条件的矩阵 $D \in \{0, 1\}^{I \times X}$：

1. $\forall i \in I$：$\sum_{A \in X} D_{iA} = 1$；
2. $\forall x \in X$：$\sum_{i \in I, x \in A} D_{iA} = q_x$。

确定性分配的集合记为 $\mathcal{D}$。为追求公平，我们引入随机。类似地，随机分配定义如下。

定义 6.2　一个随机分配是满足以下两个条件的矩阵 $L \in [0, 1]^{I \times X}$：

1. $\forall i \in I$：$\sum_{A \in X} L_{iA} = 1$；
2. $\forall x \in X$：$\sum_{i \in I, x \in A} L_{iA} = q_x$。

随机分配的集合记为 $\mathcal{L}$。显然，确定性分配的集合是随机分配集合的一个子集：$\mathcal{D} \subset \mathcal{L}$。下面是一个具体的随机分配。

例子 6.1　假设 $I = \{1, 2, 3\}$，$X = \{a, b\}$，$q_a = 1$，$q_b = 2$。图 6-1 显示了一个随机分配。

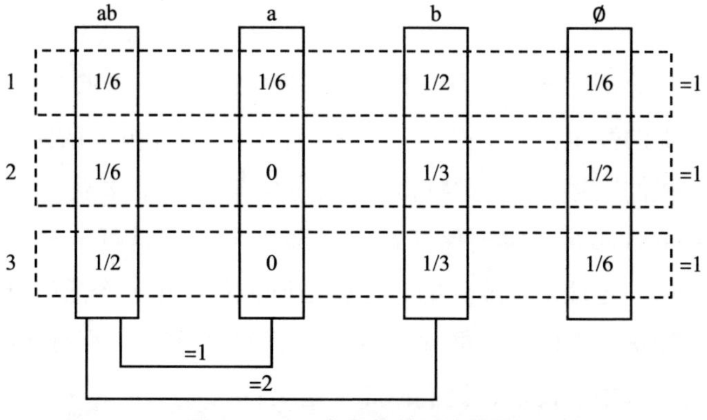

图 6-1　一个具体的组合分配

资料来源：Chatterji S, Liu P. Random assignments of bundles [J]. Journal of Mathematical Economics, 2020 (87): 15-30.

随机分配矩阵中的数字被解读为对应的参与人获得对应物品组合的概率。所以，每一行就是一位参与人获得物品组合的概率分布。比如这里的随机分配中，矩阵的第二行显示，参与人 2 将有 1/6 的概率获得组合 ab，1/3 的概率获得 b，1/2 的概率什么都得不到。

对确定性分配而言，其定义中的条件 2 很显然就是物品总数施加的可行性（feasibility）。但是对随机分配而言，情况就更复杂了。为准确理解这里的复杂情况，我们需要以下定义。

定义 6.3　给定一个随机分配 $L \in \mathcal{L}$，如果存在一个在确定性分配集合上的概率分布 $\beta \in \Delta(\mathcal{D})$ 满足以下条件，我们就称 L 是可分解的（decomposable）：

$$L = \sum_{D \in \mathcal{D}} \beta(D) \cdot D$$

定义 6.3 中的概率分布 β 被称为 L 的一个分解。一个可分解的随机分配有可能有多个不同的分解。下面是一个具体的例子。

例子 6.2　例子 6.1 中的随机分配 L 可被如下分解：

$$\begin{pmatrix} & ab & a & b & \emptyset \\ 1: & 1/6 & 1/6 & 1/2 & 1/6 \\ 2: & 1/6 & 0 & 1/3 & 1/2 \\ 3: & 1/2 & 0 & 1/3 & 1/6 \end{pmatrix} = 1/2 \begin{pmatrix} & ab & a & b & \emptyset \\ 1: & 0 & 0 & 1 & 0 \\ 2: & 0 & 0 & 0 & 1 \\ 3: & 1 & 0 & 0 & 0 \end{pmatrix} + 1/6 \begin{pmatrix} & ab & a & b & \emptyset \\ 1: & 1 & 0 & 0 & 0 \\ 2: & 0 & 0 & 1 & 0 \\ 3: & 0 & 0 & 0 & 1 \end{pmatrix}$$

$$+ 1/6 \begin{pmatrix} & ab & a & b & \emptyset \\ 1: & 0 & 0 & 0 & 1 \\ 2: & 1 & 0 & 0 & 0 \\ 3: & 0 & 0 & 1 & 0 \end{pmatrix} + 1/6 \begin{pmatrix} & ab & a & b & \emptyset \\ 1: & 0 & 1 & 0 & 0 \\ 2: & 0 & 0 & 1 & 0 \\ 3: & 0 & 0 & 1 & 0 \end{pmatrix}$$

对于一个可分解的随机分配，定义 6.2 中的条件 2 要求对每一种物品 x，其期望的被分配的数量为 q_x。从这一点来讲，这个条件可以认为是一个事前的可行性要求。我们在第二章已经讲过，当每位参与人最多获得一个物品的时候，Birkhoff-von Neumann 定理保证每一个随机分配都是可分解的。但是，在组合分配下，这一定理是不成立的，也就是说，不是每一个随机分配都能被表示成确定性分配集合上的一个概率分布。例子 24 给出了一个具体的随机分配。

类似于第二章中的设定，我们作如下定义：

- 一个随机分配机制是指一个函数：$\varphi: \mathbb{D}^n \to \mathcal{L}$。
- 给定一个随机分配机制 $\varphi: \mathbb{D}^n \to \mathcal{L}$，如果对任意偏好组合 $P \in \mathbb{D}^n$，φ 产

生的随机分配 $\varphi(P) \in \mathcal{L}$ 都是可分解的，我们就称随机机制 φ 是可分解的。

- 给定一个偏好 $P_i \in \mathbb{P}$以及两个概率分布 L_i，$L_i' \in \Delta(X)$，如果有以下不等式成立，我们就称 L_i 根据 P_i 对 L_i'随机占优。

$$\forall B \in X: \sum_{AR_iB} L_{iA} \geqslant \sum_{AR_iB} L_{iA}'$$

另外，随机分配机制的防策略性、效率性以及公平对待性的定义与第 2 章中一致，唯一的变动就在于从单个物品分配变成物品组合的分配。

一、组合分配的 RSD 机制

在前面几章我们已经研究了 RSD 机制，这个机制就是随机确定参与人的一个排序，然后实施先到先得的分配。只是在前面的章节中，当轮到一位参与人时，他拿的是一个物品。但我们现在的模型设定是组合分配，所以看上去很自然地，我们只需要让每一位参与人拿一个物品组合，就可以将前面的机制扩展到我们现在的设定中。但其实，这样的做法有可能和我们定义的随机分配相冲突，具体请看下面的例子。

例子 6.3　假设 $X = \{a, b\}$，$q_a = q_b = 1$，$I = \{1, 2\}$。假设两位参与人的偏好都是 $a > \emptyset > ab > b$，接下来假设 1 号参与人排在 2 号参与人前面。首先，在这样的设定中，一共有四种物品组合：$\{ab, a, b, \emptyset\}$。其中，1 号参与人最想要的是 a。所以，他会拿 a。而当轮到 2 号参与人的时候，还剩下两个物品组合 $\{b, \emptyset\}$。根据其偏好，他会什么都不拿，或者说他会拿 $\emptyset$。这样就和我们定义的分配中的可行性冲突了，因为我们要求所有物品都被分配完。

为了处理上述问题，我们需要在 RSD 机制的定义中增加一个环节。为此，我们为每一种物品 $x \in X$，定义一个虚拟的“参照物”，记为 $\bar{x}$。对于任意的组合 A，如果 $x \notin A$，那么 $\bar{x} \in A$。物品 $\bar{x}$ 的初始数量定义为 $n - q_x$。这时，我们就可以定义物品组合的可获得性。具体来讲，我们说 A 是可获得的，如果对任意 $x \in X$ 都有：（1）如果 $x \in A$，那么 x 的剩余数量大于零；（2）如果 $x \notin A$，那么 $\bar{x}$ 的剩余数量大于零。根据这一定义，上述例子中当轮到 2 时，物品组合 $\emptyset$ 就不是可获得的了。在最初，因为 $n = 2$ 且 $q_b = 1$，所以 $q_{\bar{b}} = 1$。在第一轮，1 号参与人拿了 a。因为 $b \notin \{a\}$，$\bar{b}$ 的剩余数量就需要减去 1，所以 $q_{\bar{b}} = 0$。这样，在第二轮，Ø 就不是可获得的了，因为 $b \notin Ø$ 但是 $q_{\bar{b}}=0$。因此，2 号参与人唯一的选项就是 b。

下面为组合分配情况下的先到先得机制的严格定义，我们将其记为 SDB 机制，其中 B 表示的是 bunle，也就是组合。

定义 6.4　SDB 机制是一个确定性分配机制 $SDB^{\sigma}: \mathbb{D}^n \rightarrow \mathcal{D}$。其中参数 $\sigma: \{1, 2, \cdots, n\} \rightarrow I$ 为参与人的一个排序。令 $X^0 = X$，对任意 $x \in X$，令 $q_x^0 = q_x$，$q_{\bar{x}}^0 = n - q_x$。对任意 $v = 1, \cdots, n$，

$$D_{\sigma(v)A} = \begin{cases} 1 & \text{如果 } A = r_1(P_{\sigma(v)}, X^{v-1}) \\ 0 & \text{其他} \end{cases}$$

$$q_x^v = \begin{cases} q_x^{v-1} - 1 & \forall x \in r_1(P_{\sigma(v)}, X^{v-1}) \\ q_x^{v-1} & \text{其他} \end{cases}$$

$$q_{\bar{x}}^v = \begin{cases} q_{\bar{x}}^{v-1} - 1 & \forall x \notin r_1(P_{\sigma(v)}, X^{v-1}) \\ q_{\bar{x}}^{v-1} & \text{其他} \end{cases}$$

$X^v = X^{v-1} \setminus \{A \in X^{v-1}: \exists x \in X \text{ 满足} [x \in A, q_x^v = 0] \text{或} [x \notin A, q_{\bar{x}}^v = 0]\}$。

下面为 SDB 机制的一个具体的例子。

例子 6.4　考虑例子 6.3 中所述的情况。这时候物品的初始数量如下：

$$q_a^0 = 1, \quad q_b^0 = 1, \quad q_{\bar{a}}^0 = 1, \quad q_{\bar{b}}^0 = 1。$$

在第一轮，可获得的物品组合为 $X^0 = \{ab, a, b, Ø\}$，所以，1 会从中选取 a。接下来，物品剩余数量会被更新如下：

$$q_a^1 = q_a^0 - 1 = 0, \quad q_b^1 = q_b^0 = 1, \quad q_{\bar{a}}^1 = q_{\bar{a}}^0 = 1, \quad q_{\bar{b}}^1 = q_{\bar{b}}^0 - 1 = 0。$$

在第二轮，可获得的物品组合只有一个：$X^1 = \{b\}$，所以，2 只能选取 b。所以最终的确定性分配为：1 和 2 分别获得 a 和 b。

接下来我们就可以定义组合分配情况下的 RSDB 机制了。

定义 6.5　RSDB 是一个随机分配机制 RSDB：$\mathbb{D}^n \rightarrow \mathcal{L}$。给定 $P \in \mathbb{D}^n$，

$$RSDB(P) = \frac{1}{|\Sigma|} \sum_{\sigma \in \Sigma} SDB^{\sigma}(P)。$$

在没有偏好约束的时候，也就是定义在$\mathbb{P}$上的时候，RSDB 机制的性质如下。证明见本章附录。

事实 6.1　定义在无约束偏好域$\mathbb{P}$上的 RSDB 机制满足可分解性、防策略

性以及公平对待性，但不满足效率性。

二、组合分配的 PS 机制

类似于 RSD 机制在组合分配中的定义，我们将 PS 机制应用在组合分配时，也需要定义“参照物”并记录其剩余量。具体来讲，对任意 $x \in X$，我们定义一个新的物品 $\bar{x}$。当一位参与人吃物品组合 A 的时候，如果 $x \in A$，我们记录他吃了 x，并且，如果 $x \notin A$，我们记录他吃了 $\bar{x}$。机制的具体定义如下。

定义 6.6　PSB 机制是一个随机分配机制 PSB：$\mathbb{D}^n \to \mathcal{L}$。对任意偏好组合 $P \in \mathbb{D}^n$，PSB（P）$\equiv L^{\bar{v}}$如下。

令 $t^0 = 0$，$X^0 = X$。对任意 $x \in X$，令 $r_x^0 = q_x$ 以及 $r_{\bar{x}}^0 = n - q_x$。令 L^0 为一个元素全部为零的 $n \times |X|$的矩阵。

对任意 $v = 1, \cdots, \bar{v}$：

$I_x^v \equiv \{i \in I: x \in r_1(P_i, X^{v-1})\}, \ \forall x \in X$;

$I_{\bar{x}}^v \equiv I \setminus I_x^v, \ \forall x \in X$;

$$t^v \equiv t^{v-1} + \min\left\{\left\{\frac{r_x^{v-1}}{|I_x^v|}: r_x^{v-1} > 0\right\} \cup \left\{\frac{r_{\bar{x}}^{v-1}}{|I_{\bar{x}}^v|}: r_{\bar{x}}^{v-1} > 0\right\}\right\};$$

$$L_{iA}^v \equiv L_{iA}^{v-1} + \begin{cases} t^v - t^{v-1}, & \text{如果 } A = r_1(P_i, X^{v-1}) \\ 0, & \text{其他} \end{cases}, \ \forall i \in I, A \in X^{v-1};$$

$r_x^v \equiv r_x^{v-1} - (t^v - t^{v-1}) \cdot |I_x^v|, \ \forall x \in X$;

$r_{\bar{x}}^v \equiv r_{\bar{x}}^{v-1} - (t^v - t^{v-1}) \cdot |I_{\bar{x}}^v|, \ \forall x \in X$;

$X^v \equiv X^{v-1} \setminus \{A \in X^{v-1}: \exists x \in X \text{ s.t. } [x \in A, r_x^v = 0] \text{或} [x \notin A, r_{\bar{x}}^v = 0]\}$;

终止条件为 $X^{\bar{v}} = \emptyset$。

下面我们给出一个具体的例子。

例子 6.5　假设 $I = \{1, 2, 3\}$，$X = \{a, b, c\}$，以及对任意 $x \in X$ 有 $q_x = 1$，考虑如下的偏好组合：

						∅	ab	abc	c
P_1:	ab	abc	⋯	⋯	L_1:	0	2/3	1/3	0
P_2:	∅	ab	c	⋯	L_2:	2/3	0	0	1/3
P_3:	∅	ab	c	⋯	L_3:	2/3	0	0	1/3

物品的初始剩余量记录为 $r_a^0 = r_b^0 = r_c^0 = 1$ 以及 $r_{\bar{a}}^0 = r_{\bar{b}}^0 = r_{\bar{c}}^0 = 2$。

在第一期，所有物品组合都是可获得的，所以参与人 1 吃 ab，而参与人 2 和参与人 3 吃 Ø。因此，吃每一个物品的参与人集合总结如下：

$$I_a^1 = \{1\} \qquad I_b^1 = \{1\} \qquad I_c^1 = \emptyset$$

$$I_{\bar{a}}^1 = \{2, 3\} \quad I_{\bar{b}}^1 = \{2, 3\} \quad I_{\bar{c}}^1 = \{1, 2, 3\}$$

所以，物品 $\bar{c}$ 将最先被吃完，因为 $r_{\bar{c}}^0 / |I_{\bar{c}}^1| = 2/3$ 是最小的。因此，第一期会在 $t^1 = 2/3$ 结束。当这一期结束的时候，参与人 1 吃了 2/3 的 ab，而参与人 2 和参与人 3 吃了 2/3 的 Ø。所以我们更新物品的剩余量如下：

$$r_a^1 = r_a^0 - 2/3 \cdot |I_a^1| = 1/3 \qquad r_{\bar{a}}^1 = r_{\bar{a}}^0 - 2/3 \cdot |I_{\bar{a}}^1| = 2/3$$

$$r_b^1 = r_b^0 - 2/3 \cdot |I_b^1| = 1/3 \qquad r_{\bar{b}}^1 = r_{\bar{b}}^0 - 2/3 \cdot |I_{\bar{b}}^1| = 2/3$$

$$r_c^1 = r_c^0 - 2/3 \cdot |I_c^1| = 1 \qquad r_{\bar{c}}^1 = r_{\bar{c}}^0 - 2/3 \cdot |I_{\bar{c}}^1| = 0$$

可见，除了 $\bar{c}$，其他物品都还没有被吃完。所以，第二期的可获得组合为 $X^1 = \{abc, ac, bc, c\}$。根据参与人的偏好，在第二期，参与人 1 会吃 abc，而参与人 2 和参与人 3 吃 c。因此，吃每一个物品的参与人集合如下：

$$I_a^2 = \{1\} \qquad I_b^2 = \{1\} \qquad I_c^2 = \{1, 2, 3\}$$

$$I_{\bar{a}}^2 = \{2, 3\} \quad I_{\bar{b}}^2 = \{2, 3\} \quad I_{\bar{c}}^2 = \emptyset$$

经过如下计算，我们知道所有物品会被同时在 $t^2 = t^1 + 1/3 = 1$ 时吃完：$1/3 = r_a^1 / |I_a^2| = r_b^1 / |I_b^2| = r_c^1 / |I_c^2| = r_{\bar{a}}^1 / |I_{\bar{a}}^2| = r_{\bar{b}}^1 / |I_{\bar{b}}^2|$。所以，参与人 1 吃了 1/3 的 abc，而参与人 2 和参与人 3 吃了 1/3 的 c。同时，因为所有物品被吃完，PSB 机制产生的随机分配就确定了，如上面 L 所示。

在没有偏好约束的时候，也就是定义在$\mathbb{P}$上的时候，PSB 机制的性质如下。证明见本章附录。

事实 6.2 定义在无约束偏好域$\mathbb{P}$上的 PSB 机制满足效率性以及公平对待性，但不满足可分解性以及防策略性。

除了可分解性是新的性质，其他三个性质和单个物品分配情况下是一样的。但是证明的逻辑是有差别的。首先是效率性，因为在组合分配下，可行性的定义发生了变化，所以效率性的本质就发生了变化。这一点具体请见本章第二节。另外，尽管防策略性依然不被满足，但是可能出现的有利的谎言更多了。这就使得，当我们将第五章中的 SDD 扩展到当前的组合分配中，PSB 依然不满足防策略性。对于这一情况，请见本章第三节中的例子 6.14。

三、本质单调偏好

我们在本节引入一个偏好约束并将在后文中证明，这一约束能够保证存在满足前述性质的随机分配机制。为此我们给出如下定义，并分别称之为关键组合（critical bundle）和关键数量（critical quantity）。

$$A_1 \equiv X, \qquad d_1 \equiv \min\{q_x : x \in X\},$$

$$A_2 \equiv \{x \in X : q_x > d_1\}, \qquad d_2 \equiv \min\{q_x - d_1 : q_x > d_1\},$$

$$\vdots \qquad \vdots$$

$$A_k \equiv \{x \in X : q_x > \sum_{l=1}^{k-1} d_l\}, \qquad d_k \equiv \min\{q_x - \sum_{l=1}^{k-1} d_l : q_x > \sum_{l=1}^{k-1} d_l\},$$

$$\vdots \qquad \vdots$$

$$A_{K-1} \equiv \{x \in X : q_x > \sum_{l=1}^{K-2} d_l\}, \qquad d_{K-1} \equiv \min\{q_x - \sum_{l=1}^{K-2} d_l : q_x > \sum_{l=1}^{K-2} d_l\},$$

$$A_K \equiv \{x \in X : q_x > \sum_{l=1}^{K-1} d_l\}, \qquad d_K \equiv n - \sum_{l=1}^{K-1} d_l,$$

这里的 K 由 $A_K = \emptyset$ 定义。显然，$d_{K-1} = \max\{q_x : x \in X\}$。根据上述定义，$\emptyset = A_K \subset A_{K-1} \subset \cdots\cdots \subset A_1 = X$。

例子 6.6　假设对所有物品 x，$y \in X$ 都有 $q_x = q_y$，那么关键组合以及关键数量如下：

$$A_1 = X \quad d_1 = q_x$$

$$A_2 = \emptyset \quad d_2 = n - q_x$$

例子 6.7　假设 $n = 6$，$X = \{a, b, c\}$，$q_a = 4$，$q_b = 3$，$q_c = 2$，那么关键组合以及关键数量如下：

$$A_1 = abc \quad d_1 = 2$$

$$A_2 = ab \quad d_2 = 1$$

$$A_3 = a \quad d_3 = 1$$

$$A_4 = \emptyset \quad d_4 = 2$$

定义 6.7　给定一个偏好 $P_i \in \mathbb{P}$，如果其满足以下条件，我们称其为本质单调（essentially monotonic）的：对任意关键组合 A_k 以及任意物品组合 $A \in X$，如

果 $A \subsetneq A_k$，都有 $A_k P_i A$。

令 $\mathbb{D}_{EM} \subset \mathbb{P}$ 为所有本质单调的偏好所形成的集合，并称其为本质单调偏好域。从例子 6.6 和例子 6.7 可以看出，物品数量的差异越大，关键组合越多。而根据本质单调偏好的定义，关键组合越多，所施加的约束越多，因而满足条件的偏好越少。综上，物品数量差异越大，本质单调偏好域 $\mathbb{D}_{EM}$ 越小。

在文献中有两个偏好约束和我们这里定义的本质单调性有着紧密的联系。它们是单调性和可分性。单调性要求如果一个组合是另一个组合的子集，那么前者就比后者差。也就是说对任意 $A, B \in X$ 都有 $B \subsetneq A \Rightarrow A P_i B$。可分性要求一个组合多加上一个物品会更好和这个物品本身比空集好是等价的。也就是说对任意组合 $A \in X$ 以及任意物品 $x \in X \backslash A$ 都有 $[A \cup \{x\} P_i A] \Leftrightarrow [x P_i \emptyset]$。

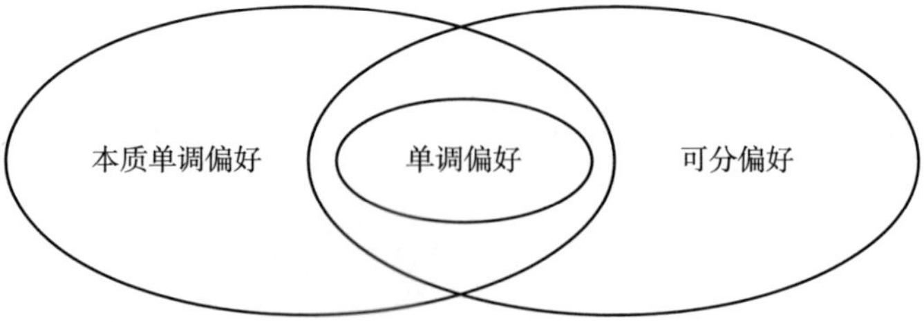

图 6-2　三个偏好域的关系

资料来源：Chatterji S, Liu P. Random assignments of bundles [J]. Journal of Mathematical Economics, 2020 (87): 15-30.

图 6-2 显示了这几个偏好约束之间的关系。首先，根据定义可知本质单调性是要比单调性弱的。给定一个物品组合 A，前者要求只要 A 是另一个组合的子集，A 就要比这个组合差。而后者只有当 A 是某个关键组合的时候才有这样的要求。比如例子 6.6。本质单调性只要求 X 是最好的一个组合。而单调性很明显有更多的要求。再比如例子 6.7 本质单调性要求：（1）X 是最好的组合；（2）组合 a，b，Ø 要比 ab 差；（3）Ø 比 a 差。而单调性的要求不止这三条。

本质单调偏好域和可分偏好域有交集但互不包含对方。比如考虑例子 6.7。读者很容易找到偏好证明这两个偏好域有交集。我们接下来给出两个偏好证明它们互不包含对方。首先，P_i 是本质单调的但不是可分的（下划线表示关键组合）。其不可分性由 $\emptyset P_i c$ 及 $ac P_i a$ 可见。其次，P_i' 是可分的但不是本质单调的。

$$P_i:\quad \underline{abc} \succ \underline{ab} \succ ac \succ bc \succ \underline{a} \succ b \succ \underline{\emptyset} \succ c$$

$$P_i':\quad bc \succ \underline{abc} \succ b \succ \underline{ab} \succ c \succ ac \succ \underline{\emptyset} \succ \underline{a}$$

第二节　理论结果

首先我们将给出在组合分配下对效率性的特征描述；接下来将给出我们的主要结论：在本质单调偏好域上存在同时满足前文提到的四个性质的随机分配机制；最后，我们将给出一个在无约束偏好域上的不可能性定理。

一、组合分配的效率性

本小节讨论的问题是如何判定一个随机分配是否在一个偏好组合下有效率。在单个物品的随机分配问题中，文献中已有了两个效率性的特征描述（Bogomolnaia A and Moulin H，2001）。第一个是，一个随机分配在一个偏好组合下有效率等价于一个二元关系不存在循环。第二个是，给定偏好组合，任意的有效率的随机分配都可以由吃蛋糕的算法产生，只是参与人吃蛋糕的速度不一定是相同的。在组合分配的情况下，我们发现这两个结论都是不对的。具体来讲，无循环性依然是效率性的必要条件，但不再是充分条件。我们接下来会提供一个新的条件，称为非平衡性，并证明这一条件是和效率性等价的。而对于吃蛋糕算法，因为要涉及太多不必要的定义，本书不做讨论。[①] 那里提供了一个例子，证明存在有效率的随机分配并不能被吃蛋糕的算法产生。这也是由于组合分配中可行性的变化，效率性发生了本质的变化。

我们首先定义无循环（Bogomolnaia A and Moulin H，2001）。

定义 6.8　给定一个随机分配 $L \in \mathcal{L}$ 以及一个偏好组合 $P \in \mathbb{P}^n$。一个定义在物品组合的集合上的二元关系 $\tau(P, L)$ 如下：$A\tau(P, L)B \Leftrightarrow$ 存在 $i \in I$ 满足 BP_iA 以及 $L_{iA} > 0$。如果 $\tau(P, L)$ 没有循环，我们称 L 在 P 没有循环。

下面的例子证明无循环不能保证有效性。

---

① 如有兴趣，读者可以参考笔者 2018 年的论文第 39 页的备注 4（Chatterji S and Liu P，2018）。

例子6.8 令 $A=\{a, b, c\}$，$q=(1, 1, 1)$，$I=\{1, 2\}$。偏好组合如下：

P_1: c a ab b Ø bc ac abc

P_2: a c ab b Ø bc ac abc

考虑两个随机分配 L 和 L′。

	c	a	ab	b	Ø	bc	ac	abc
L_1:	0	0	0.2	0	0.3	0	0	0.5
L_2:	0.2	0	0	0	0.5	0	0	0.3

	c	a	ab	b	Ø	bc	ac	abc
L_1':	0.2	0	0	0.2	0.1	0	0	0.5
L_2':	0	0.2	0	0	0.5	0	0	0.3

首先，我们证明 L 在 P 没有循环。假设 $\tau(P, L)$ 是有循环的，那么根据定义，这个循环一定要涉及两个参与人对两个物品组合的偏好是相反的情况。因为上述偏好中两位参与人的偏好唯一的不同就在于 a 和 c 之间，那么循环一定是 $a\tau(P, L)c$ 和 $c\tau(P, L)a$。但前者是不可能的，因为参与人 1 尽管认为 c 好于 a，但他获得 a 的概率为零，而参与人 2 不认为 c 好于 a。综上，$\tau(P, L)$ 没有循环。但是，L 在 P 是没有效率的，因为每一位参与人都更为偏好 L′：$L_1' P_1^{sd} L_1$ 且 $L_2' P_2^{sd} L_2$。

上述例子中的随机分配没有效率的原因在于，存在一种转移概率的方法达到帕累托改进。具体来讲，通过以下三个概率转移，可以从 L 构造出 L′：

$$\alpha(1, ab, c)=0.2 \quad \alpha(1, \text{Ø}, b)=0.2 \quad \alpha(2, c, a)=0.2$$

首先 $\alpha(1, ab, c)=0.2$ 是指将 0.2 的概率从（1，ab）转移到（1，c）。因为相对于 ab，参与人 1 更为偏好 c，所以他希望进行这样的概率转移。但是，问题在于，如果只进行这一个概率转移所产生的矩阵不满足可行性，也就是随机分配定义中的条件 2。如果把这一概率转移产生的矩阵标记为 $\bar{L}$ 的话，就有 $\sum_{i\in I, a\in A} \bar{L}_{iA}=q_a-0.2$，$\sum_{i\in I, b\in A} \bar{L}_{iA}=q_b-0.2$，$\sum_{i\in I, c\in A} \bar{L}_{iA}=q_c+0.2$。

	$\alpha(1, ab, c)=0.2$	$\alpha(1, \text{Ø}, b)=0.2$	$\alpha(2, c, a)=0.2$	总计
a	−0.2	0	+0.2	0
b	−0.2	+0.2	0	0
c	+0.2	0	−0.2	0

为此，我们需要再进行一些概率转移使得最后产生的矩阵满足随机分配的定义。在这个例子中，我们只需要另外两个概率转移，也就是上面的 $\alpha(1, \text{Ø}, b)=0.2$ 和 $\alpha(2, c, a)=0.2$。通过计算我们可以发现，这三个概率转移合在一起对每一个可行性条件都没有违背。

我们将上面观察到的现象系统化。首先，令 $\mathcal{T}=I\times X\times X$。一个概率转移方法是一个函数 α：$\mathcal{T}\to\mathbb{R}_+$。它为每一个（i，A，B）指定一个非负实数 $\alpha(i, A, B)$。而这个数表示将 $\alpha(i, A, B)$ 的概率从（i，A）转移到（i，B）。给定一个随机分配 $L\in\mathcal{L}$，一个概率转移方法 α 会构造出一个新的矩阵 L'，其元素定义如下：

对任意 $j\in I$ 和任意 $C\in X$，

$$L'_{jC}=L_{jC}+\sum_{\{(i,A,B)\in\mathcal{T}:i=j,B=C\}}\alpha(i, A, B)-\sum_{\{(i,A,B)\in\mathcal{T}:i=j,A=C\}}\alpha(i, A, B)。$$

接下来我们定义不平衡性。

定义 6.9　给定一个随机分配 $L\in\mathcal{L}$ 以及一个偏好组合 $P\in\mathbb{P}^n$。如果不存在概率转移方法 α：$\mathcal{T}\to\mathbb{R}_+$ 满足以下两个条件，就称 L 在 P 不平衡：

1. $\forall(i, A, B)\in\mathcal{T}$: $\alpha(i, A, B)>0\Rightarrow L_{iA}>0$ 及 BP_iA；
2. $\forall x\in X$: $\sum_{\{(i,A,B)\in\mathcal{T}:x\in B\}}\alpha(i, A, B)=\sum_{\{(i,A,B)\in\mathcal{T}:x\in A\}}\alpha(i, A, B)$。

相反，如果存在满足以上两个条件的概率转移方法，我们就称 L 在 P 是平衡的。

下面的命题证明效率性和非平衡性是等价的。

命题 6.1　给定 $P\in\mathbb{P}^n$ 以及 $L\in\mathcal{L}$，L 在 P 是有效的⇔L 在 P 不平衡。

命题 6.1 的证明见本章附录。

备注 6.1　如果在某个偏好组合 P，一个随机分配 L 被另一个随机分配 L' 帕累托占优，我们可以归为两种情况。情况一：对每一个物品组合，L 和 L' 中对应的列加总是相等的。情况二：它们的加总不相等。很显然，在第一种情况下，L 没有效率就等价于我们前面定义的无循环的条件。但在第二种情况下，可能存在多种基于 L 的帕累托改进。在例子 6.8 中，我们已经给出了一个详细的改进。我们接下来展示另一种改进。

令 I＝1，2，X＝a，b，c，$q_a=q_b=q_c=1$，考虑如下的随机分配 P 和偏好组合 L：

P_1：	abc	Ø	c	a	ab	b	bc	ac
L_1：	0.5	0.3	0	0	0.2	0	0	0
P_2：	abc	Ø	a	c	ab	b	bc	ac
L_2：	0.3	0.5	0	0.2	0	0	0	0

我们实施如下的一个帕累托改进。首先，将 0.1 的概率从（1，ab）转移

到（1，c），并将0.1的概率从（2，c）转移到（2，ab）。接下来，将（1，c）和（1，ab）的概率合并称0.1的（1，abc），同时将（1，Ø）的概率提高0.1。最后，对2实施同样的概率转移。新构造的随机分配如下L′所示，很显然，它在P是L的一个帕累托改进。

P_1：	abc	Ø	c	a	ab	b	bc	ac
L'_1：	0.6	0.4	0	0	0	0	0	0
P_2：	abc	Ø	a	c	ab	b	bc	ac
L'_2：	0.4	0.6	0	0	0	0	0	0

上述改进的一个很有意思的地方在于，第一步的概率转移对2是有伤害的而不是更好的。但是这样的一个概率转移使得后面的步骤得以实施，并最终使得所有参与人都得到更好的概率分布。我们对效率性的刻画，也就是命题6.1简化了验证一个随机分配是否有效的难度。这一简化在很大程度上正是因为，存在太多种帕累托改进的方法。根据上面的例子，如果要直接检查是否存在帕累托改进，我们甚至要检查对参与人来讲不好的概率转移。这无疑是很困难的。而根据我们的命题，我们只需要关注从差的物品组合往好的物品组合的概率转移。

二、可能性定理

在单个物品的分配问题中，RSD机制和PS机制无论是构造逻辑还是表现出的性质都是不同的。所以，在这一问题的机制设计研究中，这两个机制一般都被认为是互相竞争的关系。当引入组合分配后，这两个机制的性质基本没有发生变化。但是，这一结论是建立在无约束偏好域上的（见事实6.1和6.2）。

本章我们将展示一个意料之外的结论：在本质单调偏好域上，这两个机制是等价的。从而，我们就得到了一个可能性定理：在本质单调偏好域上，存在随机分配机制同时满足前文所提到的四个性质：可分解性、防策略性、效率性和公平对待性。

这一等价结论的核心来源是本质单调偏好的特点。首先，包括所有物品种类的组合X在所有偏好中都是最好的。其次，所有本质单调偏好对关键组合的排序是一样的。这样，对于PSB机制，在任意时间点，因为每位参与人都是吃在可吃的组合中最好的，他们一定会同时吃某一个关键组合。而对于RSDB机制，不管参与人的排序是什么，只有关键组合会被分配给参与人。

例子6.9　我们依然考虑例子6.7中的情况，也就是 $n=6$，$X=\{a, b, c\}$，$q_a=4$，$q_b=3$，$q_c=2$。在这一情况下，一共有四个关键组合：abc、ab、a以及Ø。我们现在考虑一个偏好组合：前三位参与人的偏好如下 $\hat{P}_i$ 所示，而其他人的偏好如 $\tilde{P}_j$ 所示：

$$\hat{P}_i:\quad \underline{abc}\quad \underline{ab}\quad \underline{a}\quad \underline{\emptyset}\quad ac\quad bc\quad b\quad c$$

$$\tilde{P}_j:\quad \underline{abc}\quad ac\quad bc\quad c\quad \underline{ab}\quad b\quad \underline{a}\quad \underline{\emptyset}$$

这两个偏好可以被视为在本质单调偏好域中差异最大的两个：$\hat{P}_i$ 在允许的范围内将关键组合排在最高的位次，而 $\tilde{P}_j$ 在允许的范围内将它们排在最低的位次。

尽管参与人的偏好不一样，他们在PSB机制下吃物品组合的过程却是完全一样的。在时间点0所有参与人开始吃abc，直到1/3的时间点c被吃完。之后，参与人1、参与人2、参与人3吃ab，因为这是他们第二偏好的组合，而且这一组合尚有剩余。对于其他参与人，因为c被吃完了，尽管他们更偏好ac、bc以及c，他们都吃不了。在这之后他们最偏好的组合也是ab，所以他们会和前面三位吃同样的组合，直到时间点1/2，因为到那时b会被吃完。接下来就是所有参与人一起吃a以及Ø。最后所产生的随机分配给所有参与人的概率分配是一样的，如下所示：

	<u>abc</u>	<u>ab</u>	<u>a</u>	<u>Ø</u>	ac	bc	b	c
L_i：	1/3	1/6	1/6	1/3	0	0	0	0

接下来，我们考虑RSDB机制。对任意的参与人排序来讲，第一位和第二位会拿abc。第三位会拿ab，因为c一共只有两个，已经被拿完了。接下来，第四位拿a，而剩下两位就得不到任何物品，也就是拿了Ø。因为这一结果对所有排序是一样的，所以随机排序产生的结果给每一位参与人的概率分布就是上面的 L_i。

所以，我们有以下事实（其证明见本章附录）：

事实6.3　在本质单调偏好域上，RSDB机制等价于PSB机制。

事实6.3的等价结论加上前文的事实6.1和事实6.2给了我们如下的可能性定理。

定理 6.1 在本质单调偏好域上存在同时满足可分解性、防策略性、效率性以及公平对待性的随机分配机制。

三、不可能性定理

本节将给出在无约束偏好域上的一个不可能性定理。为此，我们需要回顾对关键组合的定义。具体来件，给定物品数量的向量 $q=(q_x)_{x\in X}$，我们可以找到所有关键组合 A_1，…，A_K。这里的 K 是关键组合的数量，并且我们已知，物品数量差异越大，关键组合数量越大。另外，不管 q 是多少，X 和 Ø 都是关键组合，所以 $K\geqslant 2$。下面的结论说明，在无约束偏好域上，当至少有四个关键组合的时候，不存在随机分配机制同时满足防策略性、效率性以及无嫉妒性。

命题 6.2 给定 $K\geqslant 4$。在无约束偏好域上不存在随机分配机制同时满足防策略性、效率性以及无嫉妒性。

证明见本章附录。

备注 6.2 命题 6.2 成立的一个前提条件是至少有四个关键组合。对于 $K=2$ 或者 $K=3$ 的情况，不可能性定理是否成立取决于具体的参数设定。比如 $K=2$，也就是说所有物品的数量是一样的时候，上述不可能性定理是否成立取决于模型的其他参数，如 m、n 以及 $\bar{q}$。当 $m=n\geqslant 4$ 以及 $\bar{q}=1$ 时，单个物品分配中的不可能性定理在组合分配的情况下依然成立：我们只需要考虑把只包含一个物品的组合全部排在最高位次的偏好就可以。这样，效率性就要求，只有这些物品组合会有正的概率。所以，我们的组合分配本质上就成了单个物品分配的情况。但在其他情况下，这样的策略就不适用了。比如 $m=5$、$n=4$ 以及 $\bar{q}=1$。这种情况下，上面的证明策略就不对了，因为随机分配的定义就要求有一些包含了超过一个物品的组合会获得正的概率。

第三节 讨论以及例子

我们在本节给出一些具体的例子以讨论组合分配模型的适用范围，以及前文中提到但没有仔细论证的结论。

一、组合分配的两个应用

我们提供两个具体的应用场景并讨论组合分配以及本质单调偏好的适用性。

例子 6.10 某个地方政府建设了一个公共住房项目，包括 50 套公寓、50 个机动车位以及 30 个非机动车位。政府需要将它们分配给 100 位申请人。

本例中的待分配物品是由公共财政负担的，因此，一个常见的要求是不能浪费，必须全部分配给申请人。一个分配的方法是逐项分配，也就是公寓、机动车以及非机动车分别采用一个分配方案。但这样做的缺点显而易见：因为参与人对这三种物品的偏好很大程度上是互相关联的。所以，逐项分配就有效率损失的风险。因此，我们需要进行组合分配。在此基础上，如果我们进行确定性分配，必将面临公平的问题。所以，物品组合的随机分配才是当前情况下合适的分配方法。

在本例中，一共有三种物品，因而根据本章的定义，一共有 8 个不同的物品组合。我们记一套公寓为 a，一个机动车位为 p，一个非机动车位为 b。这里因为物品是免费分配给参与人的，一个合理的假设是，获得的物品越多越好。这也就是我们所谓的单调偏好约束。下面是一个典型的单调偏好：

$$P_i\text{: } apb > ap > ab > pb > a > p > b > \emptyset$$

我们的本质单调偏好约束相比于单调偏好更弱。在本例中一共有三个关键组合：apb，ap，Ø。因此，本质单调偏好需要满足两个要求：（1）任何 apb 的子集都比 apb 差；（2）任何 ap 的子集都比 ap 差。据此，本质单调偏好域比单调偏好域要大。比如，下面的偏好 P'_i是本质单调的，但不是单调的：

$$P'_i\text{: } \underline{abp} > \underline{ap} > ab > a > \underline{\emptyset} > b > p > pb$$

以上偏好可以理解为，参与人认为一个组合当且仅当包含一套公寓的时候是好的（比什么都没有好）。并且，机动车位以及非机动车位是好的还是坏的取决于是否能得到一套公寓：在给定一套公寓的时候，获得越多车位越好；而没有公寓的情况下，获得车位反而是负担。最后一点可以理解为，不住在附近的情况下车位并不能带来效用，反而需要缴纳管理费用，并且，由于是公共财政的项目，出租或者出售车位以获利是不允许的。

从上面的两个偏好 P_i 以及 P_i' 可以看出单调偏好约束与我们的本质单调约束之间的一个重要差别：单调约束只允许全局的互补性，也就是越多越好。而本质单调约束允许局部的互补性：是否越多越好可以取决于一些局部条件，比如是否获得某种物品。从这个意义上来讲，本质单调约束扩展了单调约束的内涵。

例子 6.11 我们考虑另外一个场景：三种任务 a、b 和 c 需要在一个小组内分配。假设 a 需要分配的任务量是 50 个工作日，b 同样是 50 个工作日，而 c 是 30 个工作日。小组一共 100 位成员。

这一情况下的物品对于参与人来讲都是不想要的。因此，我们的第一印象是，本质单调约束在这里不适用。比如说，下面的一个合理的偏好明显不满足本质单调约束。

$$P'': \emptyset > a > b > c > ab > ac > bc > abc$$

但是，只需对这里的设定做一点改动，我们就可以应用本质单调约束。我们假设需要被分配的不是上面提到的工作日，而是以下物品：50 个不做 a 的工作日，50 个不做 b 的工作日以及 70 个不做 c 的工作日。我们把这些假想的物品记为 $\bar{a}$、$\bar{b}$、$\bar{c}$。在这种情况下的关键组合为 $\bar{a}\bar{b}\bar{c}$、$\bar{c}$、Ø。这样，上面的偏好 P″就等价于下面的偏好 $\bar{P}''$，而这一篇好在我们假想的分配中是本质单调的。

$$P'': \underline{\bar{a}\bar{b}\bar{c}} > \bar{b}\bar{c} > \bar{a}\bar{c} > \bar{a}\bar{b} > \underline{\bar{c}} > \bar{b} > \bar{a} > \underline{\emptyset}$$

二、一些组合分配的例子

例子 6.12 （RSDB 机制在无约束偏好域上不满足效率性）

这个例子是从已有文献中的一个例子修改而来（Bogomolnaia A and Moulin H，2001）。令 I = 1，2，3，4，X = a，b，c，$q_a = q_b = q_c = 1$。考虑以下偏好组合 P：

$$P_1, P_2: \quad ab \quad c \quad \emptyset \quad \cdots$$

$$P_3, P_4: \quad c \quad ab \quad \emptyset \quad \cdots$$

RSDB 机制给出的随机分配如下所示。其中的组合 B 是指 ab、c、Ø 之外的任意组合。这一随机分配被 L 帕累托占优，所以，RSDB 机制不满足效率性。

$$\text{RSDB}(P)=\begin{pmatrix} & ab & c & \emptyset & B\\ 1,\ 2: & 5/12 & 1/12 & 1/2 & 0\\ 3,\ 4: & 1/12 & 5/12 & 1/2 & 0\end{pmatrix}\quad L=\begin{pmatrix} & ab & c & \emptyset & B\\ 1,\ 2: & 1/2 & 0 & 1/2 & 0\\ 3,\ 4: & 0 & 1/2 & 1/2 & 0\end{pmatrix}$$

例子 6.13　（PSB 机制在无约束偏好域上不满足防策略性）

令 $I=\{1,2,3,4\}$，$X=\{a,b\}$，$q_a=q_b=1$。考虑如下两个偏好：

$$\tilde{P}_i:\ ab > a > b > \emptyset$$

$$\hat{P}_i:\ a > ab > b > \emptyset$$

考虑两个偏好组合 $P=(\tilde{P}_1,\tilde{P}_2,\hat{P}_3,\hat{P}_4)$ 和 $P'=(\hat{P}_1,\tilde{P}_2,\hat{P}_3,\hat{P}_4)$。这两个偏好组合唯一的差别就在于参与人 1 的偏好不同。PSB 机制给出的随机分配如下：$L=PSB(P)$，$L'=PSB(P')$。

	ab	a	b	Ø		ab	a	b	Ø
L_1:	1/4	0	1/8	5/8	L_1':	0	1/4	3/16	9/16
L_2:	1/4	0	1/8	5/8	L_2':	1/4	0	3/16	9/16
L_3:	0	1/4	1/8	5/8	L_3':	0	1/4	3/16	9/16
L_4:	0	1/4	1/8	5/8	L_4':	0	1/4	3/16	9/16

我们注意到：$L'_{1ab}+L'_{1a}+L'_{1b}=7/16>6/16=L_{1ab}+L_{1a}+L_{1b}$。也就是说，通过撒谎说其偏好是 $\hat{P}_1$ 而不是 $\tilde{P}_1$，参与人 1 可以以更高的概率得到比 Ø 好的组合。所以，PSB 机制在无约束偏好上不满足防策略性。

例子 6.14　（PSB 机制在序列二分偏好域上依然不满足防策略性）

在单个物品分配的情况下，第五章告诉我们，PS 机制在序列二分偏好域上满足防策略性。我们尝试将这一偏好约束引入组合分配，并检查这一可能性定理是否依然成立。

令 x_1，x_2，…，x_m 为待分配物品的种类。为简化标记，我们将物品组合记为一个由 0 和 1 组成的向量。当第 t 项为 1 时表示这个组合包括 x_t。比如 $A=(1,0,0,1)$ 就表示由 x_1 和 x_4 组成的物品组合。对任意组合 A 和任意 $t=1,\cdots,m$，记 A_t 为第其 t 项并记 A^t 为其前 t 项。比如，给定 $A=(1,0,0,1)$。我们有 $A_2=0$ 以及 $A^3=(1,0,0)$。

一个偏好如果满足以下条件，我们就称其为序列二分偏好：首先，要么所有包含 x_1 的组合好于所有不包含 x_1 的组合，要么相反。接下来，在所有包含 x_1 的组合中，要么所有包含 x_2 的组合好于所有不包含 x_2 的组合，要么相反。

同样的逻辑接下来应用于 x_3，x_4，等等。严格来讲，$P_i \in \mathbb{P}$如果满足以下条件就是一个序列二分偏好。

1. 要么［对任意 A，$B \in X$，如果 $A_1 = 1$，$B_1 = 0$，那么 AP_iB］要么［对任意 A，$B \in X$，如果 $A_1 = 1$，$B_1 = 0$，那么 BP_iA］；

2. 对任意 $t = 2, \cdots, m$ 以及任意 $\alpha \in \{0, 1\}^{t-1}$，要么［对任意 A，$B \in X$，如果 $A^{t-1} = B^{t-1} = \alpha$，$A_t = 1$，$B_t = 0$，那么 AP_iB］要么［对任意 A，$B \in X$，如果 $A^{t-1} = B^{t-1} = \alpha$，$A_t = 1$，$B_t = 0$，那么 BP_iA］。

根据定义，读者可以发现，例子 6.13 中的偏好 $\tilde{P}_i$ 以及 $\hat{P}_i$ 是序列二分的。具体来讲，令 $a = x_1$ 以及 $b = x_2$ 就可以得到这一结论。所以，例子 6.13 中 PSB 不满足防策略性就可以直接推出，在序列二分偏好域上，PSB 机制依然不满足防策略性。

这里 PSB 机制不满足防策略性的根本原因在于，组合分配中可行性，也就是定义 6.2 中的条件（2），与单个物品分配中的可行性定义的差别。在单个物品分配中，随机分配的定义要求矩阵的每一列之和为 1，而组合分配中是要求对每一类物品相关的几列之和等于其数量。为看到这一差别给吃蛋糕机制的防策略性带来的影响，我们现在假设上述问题中的四个组合是四个相互独立的单个物品，并考虑这四个物品的随机分配。那么，PS 机制在例子 6.13 中的两个偏好组合给出的随机分配如下所示：

	ab	a	b	Ø		ab	a	b	Ø
L_1:	1/2	0	1/4	1/4	L_1':	1/6	1/3	1/4	1/4
L_2:	1/2	0	1/4	1/4	L_2':	1/2	0	1/4	1/4
L_3:	0	1/2	1/4	1/4	L_3':	1/6	1/3	1/4	1/4
L_4:	0	1/2	1/4	1/4	L_4':	1/6	1/3	1/4	1/4

显然，例子 6.13 中对 1 有利的谎言不再存在。综上，因为随机分配定义中可行性的差别，在单个物品分配问题中成立的可能性结论在组合分配中不再成立。

例子 6.15 （PSB 机制在无约束偏好域上不满足可分解性）

令 $I = \{1, 2, 3\}$，$X = \{a, b, c\}$，对任意 $x \in X$ 有 $q_x = 1$，考虑偏好组合 P 以及 PSB 机制给出的随机分配 $L = PSB(P)$，如下所示：

							ab	a	b	c	Ø
P_1:	ab	c	b	Ø	…	L_1:	3/4	0	0	0	1/4
P_2:	c	b	a	Ø	…	L_2:	0	0	1/4	1/2	1/4
P_3:	c	a	b	Ø	…	L_3:	0	1/4	0	1/2	1/4

我们现在用反证法证明 L 不是可分解的。假设 $L=\sum_{D\in\mathcal{D}}\beta(D)\cdot D$。令 D^1 和 D^2 为两个确定性分配：$D^1_{1ab}=D^1_{2c}=D^1_{3\emptyset}=1$ 以及 $D^2_{1ab}=D^2_{2\emptyset}=D^2_{3c}=1$。因为 D^1 和 D^2 是使得参与人 1 获得 ab 的确定性分配，我们有 $3/4=\beta(D^1)+\beta(D^2)$。另外，因为在 D^1，参与人 3 得到了 Ø 以及 $L_{3\emptyset}=1/4$，我们有 $1/4\geqslant\beta(D^1)$。类似地我们有 $L_{2\emptyset}=1/4\geqslant\beta(D^2)$。这样我们就得到了一个冲突：$1/4+1/4\geqslant3/4$。

例子 6.16　（本质单调偏好域不是 PSB 与 RSDB 等价的极大域）

令 $X=\{a,b\}$，$I=\{1,2,3\}$，$q_a=2$，$q_b=1$。关键组合以及关键数量为：$A_1=ab$，$d_1=1$，$A_2=a$，$d_2=1$，$A_3=\emptyset$，$d_3=1$。因此，本质单调偏好域 $\mathbb{D}_{EM}$ 由下面三个偏好组成。

P_i:　ab　b　a　Ø

$\hat{P}_i$:　ab　a　b　Ø

$\tilde{P}_i$:　ab　a　Ø　b

现在考虑另一个偏好 $\bar{P}_i$:　ab　Ø　a　b。

读者可以验证，对任意 $P\in\{\mathbb{D}_{EM}\cup\bar{P}_i\}^n$ 都有 PSB(P) = RSDB(P)。也就是说，本质单调偏好域并不是这两个机制等价的极大集合。

第四节　本 章 小 结

本章研究的是物品组合的随机分配问题。在此环境下定义的随机分配的可行性给传统机制的表现以及可能性带来了重大影响。第一，效率性的刻画发生了根本的变化。第二，在单个物品分配中的可能性定理在这里不再成立。第三，在组合分配中，我们找到了一个新的偏好约束，使得 PSB 机制与 RSDB 机制等价，从而得到了一个新的可能性定理。

附　录

因为逻辑关系，我们先证明命题6.1，然后再依次证明事实6.1、事实6.2、事实6.3以及命题6.2。

一、命题6.1的证明

（一）必要性

我们证明其逆否命题。令 $L \in \mathcal{L}$ 在 $P \in \mathbb{P}^n$ 是平衡的，那么，根据定义，存在一个概率转移方法 $\alpha: \mathcal{T} \to \mathbb{R}_+$ 满足：（1）$\alpha(i, A, B) > 0 \Rightarrow L_{iA} > 0$ 以及 BP_iA，（2）对任意 $x \in X$：有 $\sum_{\{(i,A,B) \in \mathcal{T}: x \in B\}} \alpha(i, A, B) = \sum_{\{(i,A,B) \in \mathcal{T}: x \in A\}} \alpha(i, A, B)$。我们证明 L 在 P 不满足效率性。为此，我们构建另外一个随机分配 L′。令 $\epsilon \in \mathbb{R}_{++}$ 为一个非常小的正数，并且对任意 $j \in I$ 以及任意 $C \in X$，令

$$L'_{jC} = L_{jC} + \sum_{\{(i,A,B) \in \mathcal{T}: i=j, B=C\}} \epsilon \cdot \alpha(i, A, B) - \sum_{\{(i,A,B) \in \mathcal{T}: i=j, A=C\}} \epsilon \cdot \alpha(i, A, B)。$$

通过设定 ϵ 足够小，我们可以保证对任意 $j \in I$ 以及 $C \in X$ 都有 $L'_{jC} \geqslant 0$。那么，下面两组方程显示 L′是一个随机分配，也就是说 $L' \in \mathcal{L}$。

$$\begin{aligned}\forall j \in I: \sum_{C \in X} L'_{jC} &= \sum_{C \in X} L_{jC} + \sum_{C \in X} \sum_{(i,A,B) \in \mathcal{T}: i=j, B=C} \epsilon \cdot \alpha(i, A, B) \\ &\quad - \sum_{C \in X} \sum_{(i,A,B) \in \mathcal{T}: i=j, A=C} \epsilon \cdot \alpha(i, A, B) \\ &= 1 + \sum_{(i,A,B) \in \mathcal{T}(P,L): i=j} \epsilon \cdot [\alpha(i, A, B) - \alpha(i, A, B)] = 1\end{aligned}$$

$$\begin{aligned}\forall x \in X: \sum_{i \in I, x \in C} L'_{jC} &= \sum_{i \in I, x \in C} L_{jC} + \sum_{(i,A,B) \in \mathcal{T}: x \in B} \epsilon \cdot \alpha(i,A,B) \\ &\quad - \sum_{(i,A,B) \in \mathcal{T}: x \in A} \epsilon \cdot \alpha(i,A,B) \\ &= \sum_{i \in I, x \in C} L_{jC} = q_x。\end{aligned}$$

很显然，因为从 L 构造 L′所涉及的所有概率转移都是从不好的组合到更好的组合，可得对任意 $j \in I$ 都有 $L_j' P_j^{sd} L_j$，也就是说 L 在 P 是被 L′帕累托占优的。

（二）充分性

我们依然证明逆否命题。令 L 为一个在 P 不满足效率性的随机分配。因此，

存在另一个随机分配 $L' \in \mathcal{L}$ 满足 $L' \neq L$ 以及对任意 j 都有 $L_j' P_j^{sd} L_j$。我们接下来构造一个概率转移方法 $\alpha: \mathcal{T}(P, L) \to \mathbb{R}_+$ 满足：(1) $\alpha(i, A, B) > 0 \Rightarrow L_{iA} > 0$ 以及 BP_iA，(2) 对任意 $x \in X$：都有 $\sum_{\{(i,A,B) \in \mathcal{T}: x \in B\}} \alpha(i, A, B) = \sum_{\{(i,A,B) \in \mathcal{T}: x \in A\}} \alpha(i, A, B)$。

因为对任意 $j \in I$ 都有 $L_j, L_j' \in \Delta(X)$，存在一个概率转移方法 $\beta: \mathcal{T} \to \mathbb{R}_+$ 满足对任意 $j \in I$ 以及 $C \in X$ 都有

$$L_{jC}' = L_{jC} + \sum_{\{(i,A,B) \in \mathcal{T}: i=j, B=C\}} \beta(i, A, B) - \sum_{\{(i,A,B) \in \mathcal{T}: i=j, A=C\}} \beta(i, A, B) \tag{6-1}$$

因为 L 和 L′都是随机分配，我们有对任意 $x \in X$ 都有

$$\sum_{\{(i,A,B) \in \mathcal{T}: x \in B\}} \beta(i, A, B) = \sum_{\{(i,A,B) \in \mathcal{T}: x \in A\}} \beta(i, A, B) \tag{6-2}$$

我们注意到，β 不一定满足我们定义的概率转移方法的两个条件，因为 β 有可能将正的概率从（i，A）转移到（i，B）而 $L_{iA} = 0$，或者 AP_iB。接下来，我们将以 β 为基础构造出一个新的概率转移方法 α 并保证其满足我们要求的条件。

第一步：已知 $\beta: \mathcal{T} \to \mathbb{R}_+$ 满足式（6-1）和式（6-2），我们构造一个概率转移方法 $\gamma: \mathcal{T} \to \mathbb{R}_+$ 不仅满足式（6-1）和式（6-2），而且满足 $\gamma(i, A, B) > 0 \Rightarrow L_{iA} > 0$。

对任意 $(i, A, B) \in \mathcal{T}$，如果 $\beta(i, A, B) > 0$ 以及 $L_{iA} = 0$，那么一定存在另外一个物品组合 $C \neq A$ 满足 $\beta(i, C, A) > 0$，因为，如果这是不对的，根据式（6-1），我们就有了一个冲突：$L_{iA}' \leq 0 + 0 - \beta(i, A, B) < 0$。因此，对任意 $\beta(i, A, B) = u$ 以及 $\beta(i, C, A) = v$，我们通过以下定义将 β 更新为 β′。

If $u \leq v$，令 $\beta'(i, A, B) = 0$，$\beta'(i, C, B) = \beta(i, C, B) + u$，$\beta'(i, C, A) = v - u$；
If $u > v$，令 $\beta'(i, A, B) = u - v$，$\beta'(i, C, B) = \beta(i, C, B) + v$，$\beta'(i, C, A) = 0$。

不管 $u \leq v$ 是否成立，β′一定满足式（6-1）以及式（6-2）。另外，如果 $u \leq v$，那么 $\beta'(i, A, B) = 0$。因此，我们不想要的情况 $\beta(i, A, B) > 0$ 以及 $L_{iA} = 0$ 就不存在了。而对于 $u > v$，这个情况依然可能存在。对于这个情况，我们可以重复上面的更新，也就是找另外一个满足 $\beta'(i, D, A) > 0$ 的物品组合 $D \neq A$。通过重复上面的更新，我们最终可以构造出 $\gamma: T \to \mathbb{R}_+$ 并保证其不

仅满足式(6-1)和式(6-2)，而且满足$\gamma(i, A, B)>0\Rightarrow L_{iA}>0$。

第二步：给定上一步构造的γ：$\mathcal{T}\to\mathbb{R}_+$，我们构造$\alpha$：$\mathcal{T}\to\mathbb{R}_+$并保证其不仅满足式（6-1）和式（6-2）而且满足$\alpha(i, A, B)>0\Rightarrow L_{iA}>0$以及$BP_iA$。也就是说，正的概率转移只会从更差的组合到更好的组合。

为此，给定任意满足$\gamma(i, A, B)>0$以及AP_iB的$(i, A, B)\in\mathcal{T}$。我们将证明存在一个序列$(i, A^l, B^l)_{l=1}^{L}\subset\mathcal{T}$满足：（1）$\gamma(i, A^l, B^l)>0$以及对任意$l=1, \cdots, L$有$B^lP_iA^l$；（2）$B^lR_iBR_iA^l$；（3）对任意$l=1, \cdots, L-1$有$B^lR_iA^{l+1}$；（4）$B^LR_iAR_iA^L$。图6-3给出了一个$L=2$的序列。

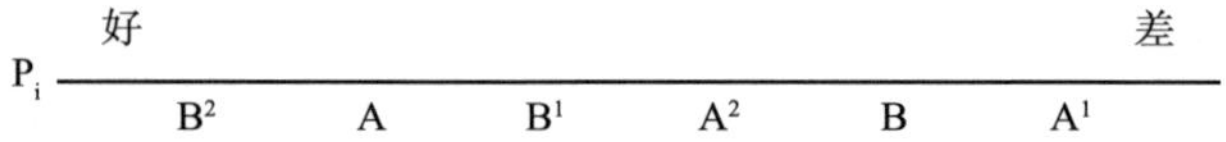

图6-3　一个概率转移序列的例子

资料来源：Chatterji S, Liu P. Random assignments of bundles [J]. Journal of Mathematical Economics, 2020 (87): 15-30.

我们以构造的方法证明序列的存在性。首先，存在$(i, A^1, B^1)\in\mathcal{T}$满足$\gamma(i, A^1, B^1)>0$、$B^1P_iA^1$以及$B^1R_iBR_iA^1$。因为，如果这是不对的，我们就有$\sum_{CP_iB}L'_{iC}<\sum_{CP_iB}L_{iC}$。而这和$L'_iP_i^{sd}L_i$冲突。给定$A^1$和$B^1$，如果$B^1R_iA$，那我们就已经构造了序列，只是这个序列只包含一个元素，也就是$L=1$。如果B^1R_iA不成立，那么存在另一个$(i, A^2, B^2)\in\mathcal{T}$满足$\gamma(i, A^2, B^2)>0$、$B^2P_iA^2$以及$B^1R_iA^2$。因为，如果不存在的话，我们有$\sum_{CP_iB^1}L'_{iC}<\sum_{CP_iB^1}L_{iC}$，而这和$L'_iP_i^{sd}L_i$是冲突的。我们通过重复以上的过程就可以构造出序列。最后，因为物品组合的数量是有限的，我们有$B^LR_iAR_iA^L$。

给定上述构造的一个系列，令$\mu=\min\{\gamma(i, A, B), \gamma(i, A^l, B^l): l=1, \cdots, L\}$。我们通过以下变化将$\gamma$更新为$\gamma'$。

$$\gamma'(i, A, B)=\gamma(i, A, B)-\mu$$
$$\gamma'(i, A^l, B^l)=\gamma(i, A^l, B^l)-\mu,\ \forall l=1, \cdots, L$$
$$\gamma'(i, A, B^L)=\gamma(i, A, B^L)+\mu$$
$$\gamma'(i, A^1, B)=\gamma(i, A^1, B)+\mu$$
$$\gamma'(i, A^{l+1}, B^l)=\gamma(i, A^{l+1}, B^l)+\mu,\ \forall l=1, \cdots, L-1$$

通过重复上面的构造，我们最终可以构造出 $\alpha: \mathcal{T} \to \mathbb{R}_+$ 不仅满足式（6－1）和式（6－2），而且满足 $\alpha(i, A, B) > 0 \Rightarrow L_{iA} > 0$ 以及 BP_iA。

为证明充分性，唯一还需要证明的是我们构造的 α 满足对任意 $x \in X$ 都有

$$\sum_{\{(i,A,B) \in \mathcal{T}: x \in B\}} \alpha(i, A, B) = \sum_{\{(i,A,B) \in \mathcal{T}: x \in A\}} \alpha(i, A, B)。$$

而这可以直接从 α 满足式（6－2）推出。

二、事实 6.1 的证明

第一，从 RSDB 机制的构造直接可知其满足可分解性和公平对待性。第二，因为每一个 SDB 机制是满足防策略性的，RSDB 机制就满足防策略性。第三，RSDB 机制不满足效率性可以从第三节的例子 6.12 得出。

三、事实 6.2 的证明

第三节中的例子 6.13 和例子 6.15 分别证明 PSB 不满足防策略性和可分解性。因为 PSB 机制规定的吃蛋糕速度对所有参与人是一样的，我们直接可得公平对待性。我们在这里只需证明效率性。为此，我们将引入两个新的条件。第一个称为强不平衡性，它是效率性的充分而非必要条件；第二个条件称为弱不平衡性，它是效率性的必要而非充分条件。它们三者的关系由引理 6.1 总结。在那之后，我们会证明 PSB 机制产生的随机分配满足强不平衡性。为定义这两个条件，我们引入一些标记。给定一个偏好组合 $P \in \mathbb{P}^n$、一个随机分配 $L \in \mathcal{L}$ 以及一个集合 $\mathcal{S} \subset \mathcal{T}$。对任意 $x \in X$，令 $d(x, \mathcal{S})$ 为集合 S 中满足 $x \in B$ 和 $x \notin A$ 的元素 (i, A, B) 的数量。在前文中，我们将 (i, A, B) 解读为从 (i, A) 到 (i, B) 的一个可能的概率转移。所以，对前面的 x，每当有这样的一个概率转移，与 x 相对应的可行性条件就会受到一次正的影响（请见例子 6.8）。从这个意义上说，$d(x, \mathcal{S})$ 给出的是 x 的可行性受到的正的影响的次数。类似地，我们定义 $s(x, \mathcal{S})$ 为负的影响的次数，严格来讲，定义如下：

$$d(x, \mathcal{S}) \equiv |\{(i, A, B) \in \mathcal{S}: x \in B \setminus A\}| \text{ 以及 } s(x, \mathcal{S}) \equiv |\{(i, A, B) \in \mathcal{S}: x \in A \setminus B\}|$$

我们称随机分配 $L \in \mathcal{L}$ 在 $P \in \mathbb{P}^n$ 满足强非平衡性，如果不存在 $\mathcal{S} \subset \mathcal{T}$ 满足

(1) $\forall (i, A, B) \in \mathcal{T}$: $(i, A, B) \in \mathcal{S} \Rightarrow L_{iA} > 0$ 以及 BP_iA；

(2) $\forall x \in X$: $d(x, \mathcal{S}) > 0 \Leftrightarrow s(x, \mathcal{S}) > 0$，接下来，一个随机分配 $L \in \mathcal{L}$

在 $P\in\mathbb{P}^n$ 满足弱非平衡性，如果不存在 $\mathcal{S}\subset\mathcal{T}$ 满足

(1) $\forall(i, A, B)\in\mathcal{T}$: $(i, A, B)\in\mathcal{S}\Rightarrow L_{iA}>0$ 以及 BP_iA;

(2) $\forall x\in X$: $d(x, \mathcal{S})=s(x, \mathcal{S})$，下面的引理给出了上述几个条件的关系。其证明见附录。

引理 6.1　强非平衡性 $\underset{\nLeftarrow}{\overset{\Rightarrow}{}}$ 效率性 $\underset{\nLeftarrow}{\overset{\Rightarrow}{}}$ 弱非平衡性 $\underset{\nLeftarrow}{\overset{\Rightarrow}{}}$ 无循环。

给定任意的 $P\in\mathbb{P}^n$，令 $L=PSB(P)$。我们证明 L 在 P 是有效率的。为此，$\forall x\in X$，令 $t(x)$ 为 x 被吃完的时间。也就是说令 $t(x)\equiv\min\{t^v: r_x^v\leqslant 0\}$。同样，$\forall x\in X$，令 $t(\bar{x})$ 为 $\bar{x}$ 被吃完的时间，$t(\bar{x})\equiv\min\{t^v: r_{\bar{x}}^v\leqslant 0\}$，我们考虑以下两种情况。

情况一：$\forall x\in X$, $t(x)\leqslant t(\bar{x})$。引理 6.2 证明了这种情况下的效率性。

引理 6.2　给定 $P\in\mathbb{P}^n$，令 $L=PSB(P)$。如果对任意 $x\in X$ 有 $t(x)\leqslant t(\bar{x})$，那么 L 在 P 是有效率的。

证明：我们用反证法证明。假设 L 在 P 没有效率。那么，根据引理 6.1，L 在 P 是强平衡的，也就是说存在一个子集 $\mathcal{S}\subset\mathcal{T}$ 满足：(1) $(i, A, B)\in\mathcal{S}\Rightarrow BP_iA$ 和 $L_{iA}>0$；(2) 对任意 $x\in X$，$[\exists(i, A, B)\in\mathcal{S}\ \text{s.t.}\ x\in A\setminus B]\Leftrightarrow[\exists(i, A, B)\in\mathcal{S}\ \text{s.t.}\ x\in B\setminus A]$。对任意 $i\in I$ 和 $A\in X$，如果 $L_{iA}>0$，令 $t(i, A)$ 为 i 开始吃 A 的时间点。严格来讲，$t(i, A)\equiv\min\{t(x): x\in A\}-L_{iA}$。

选取一个任意的 $(i_1, A_1, B_1)\in\mathcal{S}$，根据定义，我们知道 $B_1P_{i_1}A_1$ 以及 $L_{i_1A_1}>0$。所以，当 i_1 开始吃 A_1 的时候，也就是在 $t(i_1, A_1)$，B_1 已经被吃完了。根据假设（$\forall x\in X$, $t(x)\leqslant t(\bar{x})$），一定存在 $x_1\in B_1\setminus A_1$ 满足 $t(x_1)\leqslant t(i_1, A_1)$。那么，强平衡性就推出一定存在 $(i_2, A_2, B_2)\in\mathcal{S}$ 满足 $x_1\in A_2\setminus B_2$。所以 $L_{i_2A_2}>0$ 可推出 $t(i_2, A_2)<t(x_1)$。类似地，令 $x_2\in B_2\setminus A_2$ 是任意的满足 $t(x_2)\leqslant t(i_2, A_2)$ 的物品，那么就有 $t(x_2)\leqslant t(i_2, A_2)<t(x_1)$。我们重复上面的推理就可以找到 x_3、A_3 以及 i_3 满足 $t(x_3)\leqslant t(i_3, A_3)<t(x_2)\leqslant t(i_2, A_2)<t(x_1)$。如果 $x_3=x_1$，我们就有了一个冲突；否则，我们重复上面的推理可以找到 x_4，等等。因为物品种类 X 是有限的，最终一定能找到冲突：$t(x)<t(x)$。

情况二：假设 $\bar{X}\equiv\{x\in X: t(x)>t(\bar{x})\}$ 非空。令 $\varepsilon\equiv(I, X, q)$ 为模型设定。我们接下来定义一个新的模型 $\varepsilon'\equiv(I, Y, p)$ 满足：(1) 参与人的集合不变；(2) 物品集合 Y 及其数量向量 p 和原本的 X 和 q 的关系由一个函数 $f: Y\rightarrow X$ 定义。

$$p_y = \begin{cases} q_{f(y)}, & f(y) \in X \setminus \overline{X} \\ n - q_{f(y)}, & f(y) \in \overline{X} \end{cases}$$

也就是说，如果 $y \in Y$ 被映射到一个不在 $\overline{X}$ 里的物品 x，它的数量和 x 是一样的。否则，它的数量是 n 减去 x 的数量。对于 ε 和 ε'，物品组合的集合分别记为 X 和 Y，显然，$|X| = |Y|$。并且，$\mathcal{L}$ 和 $\mathcal{L}'$ 分别记为两个模型里的随机分配的集合。我们现在定义一个函数 $g: Y \to X$ 满足对任意 $A \in Y$，$g(A) = B \in X$ 等价于对任意 $y \in Y$ 有：

$f(y) \in B$，　要么 $[f(y) \in X \setminus \overline{X}$ 且 $y \in A]$，要么 $[f(y) \in \overline{X}$ 且 $y \notin A]$

$f(y) \notin B$，　其他情况。

为方便读者理解，我们在例子 6.17 中给出了一个具体的设定来展示上面做的诸多定义。对于新模型 ε'，我们构造一个偏好组合 $P' = (P'_i)_{i \in I}$ 以及一个随机分配 $L' \in \mathcal{L}'$。具体来讲，对任意 $i \in I$ 和 A，$B \in Y$，AP'_iB 当且仅当 $g(A) P_i g(B)$。对任意 $i \in I$ 以及 $A \in Y$，令 $L'_{iA} = L_{ig(A)}$，这样我们就有以下两个命题。

命题 1：在模型 ε' 中，L' 在 P' 有效率 $\Rightarrow$ 在模型 ε 中 L 在 P 有效率。

我们证明逆否命题。假设在模型 ε 中 L 在 P 没有效率。根据定义，$\exists \tilde{L} \in \mathcal{L}$ 满足 $\tilde{L} \neq L$ 以及对任意 $i \in I$ 有 $\tilde{L}_i P_i^{sd} L_i$。我们现在构造一个新的矩阵 $\tilde{L}' \in [0, 1]^{I \times Y}$，满足对任意 $i \in I$ 以及 $A \in Y$ 都有 $\tilde{L}'_{iA} = \tilde{L}_{ig(A)}$。接下来我们证明三个结论。

(1) $\tilde{L}'$ 是模型 ε' 中的一个随机分配，也就是说 $\tilde{L}' \in \mathcal{L}'$。

首先，我们有对任意 $i \in I$，

$$\sum_{A \in Y} \tilde{L}'_{iA} = \sum_{A \in Y} \tilde{L}_{ig(A)} = \sum_{A \in X} \tilde{L}_{iA} = 1。$$

并且，对任意 $y \in Y$ 都有：

$$\begin{aligned} f(y) \in X \setminus \overline{X}: \sum_{i \in I, y \in A} \tilde{L}'_{iA} &= \sum_{i \in I, y \in A} \tilde{L}_{ig(A)} && (\tilde{L}'_{iA} = \tilde{L}_{ig(A)}) \\ &= \sum_{i \in I, f(y) \in A} \tilde{L}_{iA} && (\text{根据 } g \text{ 的定义}) \\ &= q_{f(y)} && (\tilde{L} \in L) \\ &= p_y。 && (\text{根据 } p \text{ 的定义}) \end{aligned}$$

$$\begin{aligned} f(y) \in \overline{X}: \sum_{i \in I, y \in A} \tilde{L}'_{iA} &= \sum_{i \in I, y \in A} \tilde{L}_{ig(A)} && (\tilde{L}'_{iA} = \tilde{L}_{ig(A)}) \\ &= \sum_{i \in I, f(y) \notin A} \tilde{L}_{iA} && (\text{根据 } g \text{ 的定义}) \end{aligned}$$

$$= n - \sum_{i \in I, f(y) \in A} \tilde{L}_{iA} = n - q_{f(y)} \quad (\tilde{L} \in L)$$

$$= p_y。 \quad \text{（根据 p 的定义）}$$

(2) $\tilde{L}' \neq L'$。这一结论可以由 $\tilde{L} \neq L$ 以及 g 的定义推得。

(3) $\forall i \in I$，$\tilde{L}'_i P'^{sd}_i L'_i$。

对任意 $i \in I$，$B \in Y$ 以及 $\tilde{L}_i P^{sd}_i L_i$，推出：

$$\sum_{A \in Y: AR'_i B} \tilde{L}'_{iA} - \sum_{A \in Y: AR'_i B} L'_{iA} = \sum_{g(A) \in Y: g(A) R'_i g(B)} \tilde{L}'_{iA} - \sum_{g(A) \in Y: g(A) R'_i g(B)} L'_{iA} \geqslant 0。$$

以上三个结论可以推出在模型 ε' 中，L' 在 P' 没有效率。

命题 2：在模型 ε' 中，$L' = PSB(P')$ 且对任意 $y \in Y$ 有 $t(y) \leqslant t(\bar{y})$。

根据定义，当我们在模型 ε' 中将 PSB 机制用在 P' 上的时候，如果 $f(y) \in X \backslash \bar{X}$，y 就相当于在模型 ε 中 f(y) 的角色。否则，如果 $f(y) \in \bar{X}$，$\bar{y}$ 就跟 f(y) 的角色类似。所以，对任意 $i \in I$ 都有 $y \in Y$ 满足 $f(y) \in X \backslash \bar{X}$。并且，在任何时间点，在模型 ε' 中 i 吃 y 就等价于在模型 ε 中 i 吃 f(y)。所以，我们就有 $t'(y) = t(x) \leqslant t(\bar{x}) = t'(\bar{y})$ [$t'(y)$ 是 y 被吃完的时间，$f(y) = x$]。另外，对任意 $i \in I$ 都有 $y \in Y$ 满足 $f(y) \in \bar{X}$，并且，在任何时间线，在模型 ε' 中 i 吃 y 就等价于在模型 ε 中 i 吃 $\bar{x}$[$x = f(y)$]。所以，$t'(y) = t(\bar{x}) \leqslant t(x) = t'(\bar{y})$[$f(y) = x$]。

这样，$L = PSB(P)$ 在 P 的效率性就可以由以上两个命题以及引理 6.2 推出。具体来讲，由命题 2 以及引理 6.2 推出，在模型 ε' 中，L' 在 P' 是有效率的。那么，命题 1 就可以推得，在模型 ε 中，L 在 P 是有效率的。

例子　考虑例子 6.5 中的设定，将模型记为 $\varepsilon = (I, X, q)$。具体来讲，$I = \{1, 2, 3\}$，$X = \{a, b, c\}$，以及 $q_a = q_b = q_c = 1$。根据例子 6.5 中所示的吃蛋糕的过程，我们有 $t(a) = t(\bar{a}) = 1$，$t(b) = t(\bar{b}) = 1$，$t(\bar{c}) = 2/3 < 1 = t(c)$。所以，令 $\bar{X} = \{c\}$。记 $\varepsilon' = (I, Y, p)$ 为另一个模型，且 $Y = \{x, y, z\}$，$p_x = q_a = 1$，$p_y = q_b = 1$，$p_z = 3 - q_c = 2$。令 $f: \{x, y, z\} \to \{a, b, c\}$ 为一个函数满足 $f(x) = a$，$f(y) = b$，$f(z) = c$。给定这些，我们根据 g 的定义将 ε' 中的组合映射到 ε 中。

	xy	xyz	x	y	xz	yz	Ø	z
g:	↓	↓	↓	↓	↓	↓	↓	↓
	abc	ab	ac	bc	a	b	c	Ø

给定在模型 ε 中的偏好组合 P 以及 PSB 所给出的随机分配 L，我们通过 g 构造新的偏好组合 P' 以及新的随机分配 L'。

						z	xyz	xy	Ø
P'_1:	xyz	xy	…	…	L'_1:	0	2/3	1/3	0
P'_2:	z	xyz	Ø	…	L'_2:	2/3	0	0	1/3
P'_3:	z	xyz	Ø	…	L'_3:	2/3	0	0	1/3

显然，L'就是 PSB 机制在 P'所产生的随机分配。

四、事实 6.3 的证明

给定任意的 $P \in \mathbb{D}^n_{EM}$。我们证明 $\forall i \in I$，$RSDB_i(P) = PSB_i(P) = L_i$（$A_1$，…，$A_K$ 是关键组合，B 是指所有其他组合）。

$$\begin{array}{cccccccc} & A_1 & A_2 & \cdots & A_{K-1} & A_K & B \\ L_i: & \frac{d_1}{n} & \frac{d_2}{n} & \cdots & \frac{d_{K-1}}{n} & \frac{d_K}{n} & 0 \end{array}$$

$PSB_i(P) = L_i$ 可以由吃蛋糕的过程得出。首先，根据本质单调偏好的定义，所有参与人最开始会一起吃 $A_1 = X$，并在 d_1/n 吃完。接下来，在尚有剩余的物品组合中，所有参与人最偏好的组合是相同的：A_2。所以，他们会一起吃 A_2 并在 $d_1/n + d_2/n$ 将它吃完。

为证明 $RSDB_i(P) = L_i$，我们考虑任意一个参与人的排序 σ。注意到，排在最前面的 d_1 个参与人都会拿 A_1。接下来，从第 $d_1 + 1$ 到第 $d_1 + d_2$ 位参与人都会拿 A_2，以此类推。有了这一观察，我们就可以计算每位参与人在 RSDB 机制下所获得的概率分布了。首先，任意一位参与人只要排序在前 d_1 位就可以得到 A_1，而这一事件发生的概率为$\frac{(n-1)!}{n!} \cdot d_1 = d_1/n$，这也就是每一位参与人获得 A_1 的概率。以此类推，我们就可以得到结论 $RSDB_i(P) = L_i$。

五、命题 6.2 的证明

首先，根据定义，关键组合最多有 $1 + \max\{q_x: x \in X\}$ 个。并且，因为对任意 $x \in X$ 有 $q_x \leqslant n-1$，所以 $n \geqslant K \geqslant 4$。令 $\varphi: \mathbb{P}^n \to \mathcal{L}$ 为一个满足防策略性、效率性以及无嫉妒性的随机分配机制。为证明不可能性定理，我们接下来构造四个偏好组合（P^1，P^2，P^3，P^4），并刻画对应的随机分配［$\varphi(P^1)$，$\varphi(P^2)$，$\varphi(P^3)$，$\varphi(P^4)$］，并最终找到一个和随机分配定义的冲突。

所有偏好组合都只用到下面的三个偏好，他们的共同点是所有关键组合都排在最上面。

$$\bar{P}_i:\ A_1\quad A_3\quad A_2\quad A_4\quad \cdots\quad A_K\quad \cdots$$

$$P_i:\ A_1\quad A_2\quad A_3\quad A_4\quad \cdots\quad A_K\quad \cdots$$

$$\hat{P}_i:\ A_2\quad A_1\quad A_3\quad A_4\quad \cdots\quad A_K\quad \cdots$$

第一步：考虑偏好组合 $P^1=(P_1, P_2, P_3, \cdots, P_n)$。也就是说所有参与人的偏好都是上面的 P_i，那么 $\varphi(P^1)$ 如下所示：

$$\begin{array}{cccccccc} & A_1 & A_2 & A_3 & A_4 & \cdots & A_K & \cdots \\ 1\cdots n: & \frac{d_1}{n} & \frac{d_2}{n} & \frac{d_3}{n} & \frac{d_4}{n} & \cdots & \frac{d_K}{n} & 0 \end{array}$$

首先，根据无嫉妒性，所有参与人的概率分布是一样的。其次，因为存在 $x\in A_1$ 满足 $q_x=d_1$，我们有 $L_{iA_1}\leqslant\frac{d_1}{n}$。类似地，因为存在 $x\in A_1\cap A_2$ 满足 $q_x=d_1+d_2$，我们有 $L_{iA_1}+L_{iA_2}\leqslant\frac{d_1}{n}+\frac{d_2}{n}$。以此类推，直到 $\sum_{k=1}^{K}L_{iA_k}\leqslant 1$。最后，效率性推出任何 $L\neq\varphi(P^1)$ 都被 $\varphi(P^1)$ 帕累托占优。

第二步：令 $P^2=(\bar{P}_1, P_2, P_3, \cdots, P_n)$，那么 $\varphi(P^2)$ 如下所示：

$$\begin{array}{cccccccc} & A_1 & A_2 & A_3 & A_4 & \cdots & A_K & \cdots \\ 1: & \frac{d_1}{n} & 0 & \frac{d_2+d_3}{n} & \frac{d_4}{n} & \cdots & \frac{d_K}{n} & 0 \\ 2\cdots n: & \frac{d_1}{n} & \frac{d_2}{n-1} & \frac{d_3-\frac{d_2+d_3}{n}}{n-1} & \frac{d_4}{n} & \cdots & \frac{d_K}{n} & 0 \end{array}$$

从 P^1 到 P^2，唯一的变化就是参与人 1 的偏好：他把 A_2 和 A_3 的排序反转了。所以，防策略性要求对任意 $A\neq A_2$，A_3 都有 $\varphi_{1A}(P^2)=\varphi_{1A}(P^1)$。无嫉妒性接下来可推得对任意 $i=2, \cdots, n$ 以及 $A\neq A_2$，A_3，有 $\varphi_{iA}(P^2)=\varphi_{1A}(P^2)$。这里，效率性要求 $\varphi_{1A_2}(P^2)=0$。因为，如果不是这样，对任意 $i=2, \cdots, n$ 就有 $\varphi_{iA_3}(P^2)=0$，而这又会推得 $\varphi_{1A_3}(P^2)=d_3$ 以及 $\varphi_{1A_2}(P^2)+\varphi_{1A_3}(P^2)>d_3\geqslant 1$。这和随机分配的定义是冲突的。给定 $\varphi_{1A_2}(P^2)=0$，随机分配的定义以及无嫉妒性就推得 $\varphi_{1A_3}(P^2)=\frac{d_2+d_3}{n}$以及剩余的所有概率。

第三步：令 $P^3=(P_1, \hat{P}_2, P_3, \cdots, P_n)$，那么 $\varphi(P^3)$ 如下所示：

$$\begin{array}{lcccccccc}
 & A_1 & A_2 & A_3 & A_4 & \cdots & A_K & \cdots \\
1: & \frac{d_1}{n-1} & \frac{d_2-\frac{d_1+d_2}{n}}{n-1} & \frac{d_3}{n} & \frac{d_4}{n} & \cdots & \frac{d_K}{n} & 0 \\
2: & 0 & \frac{d_1+d_2}{n} & \frac{d_3}{n} & \frac{d_4}{n} & \cdots & \frac{d_K}{n} & 0 \\
3\cdots n: & \frac{d_1}{n-1} & \frac{d_2-\frac{d_1+d_2}{n}}{n-1} & \frac{d_3}{n} & \frac{d_4}{n} & \cdots & \frac{d_K}{n} & 0
\end{array}$$

从 P^1 到 P^3，唯一的变化就是参与人 2 的偏好。具体来讲，他将 A_2 和 A_3 的排序反转了。所以，防策略性要求对任意 $A \neq A_1$，A_2 都有 $\varphi_{2A}(P^3)=\varphi_{2A}(P^1)$。接下来，无嫉妒性推得对任意 $i=1, 3, \cdots, n$ 以及 $A \neq A_1$，A_2 都有 $\varphi_{iA}(P^3)=\varphi_{2A}(P^3)$。并且，效率性要求 $\varphi_{2A_1}(P^3)=0$。其他所有概率都可以由随机分配的定义以及无嫉妒性推得。

第四步：令 $P^4=(\bar{P}_1, \hat{P}_2, P_3, \cdots, P_n)$，那么 $\varphi(P^4)$ 如下所示：

$$\begin{array}{lcccccccc}
 & A_1 & A_2 & A_3 & A_4 & \cdots & A_K & \cdots \\
1: & \frac{d_1}{n-1} & 0 & \frac{d_1+d_2+d_3}{n}-\frac{d_1}{n-1} & \frac{d_4}{n} & \cdots & \frac{d_K}{n} & 0 \\
2: & 0 & \frac{d_1+d_2+d_3}{n}-\frac{d_3-\frac{d_2+d_3}{n}}{n-1} & \frac{d_3-\frac{d_2+d_3}{n}}{n-1} & \frac{d_4}{n} & \cdots & \frac{d_K}{n} & 0 \\
3\cdots n: & \frac{d_1}{n-1} & \frac{d_1+d_2+d_3}{n}-\frac{d_1}{n-1}-\frac{d_3-\frac{d_2+d_3}{n}}{n-1} & \frac{d_3-\frac{d_2+d_3}{n}}{n-1} & \frac{d_4}{n} & \cdots & \frac{d_K}{n} & 0
\end{array}$$

第一，从 P^3 到 P^4 唯一的变化就是参与人 1 的偏好：他将 A_2 和 A_3 的排序反转了。所以，防策略性要求对任意 $A \neq A_2$，A_3 都有 $\varphi_{1A}(P^4)=\varphi_{1A}(P^3)$。第二，从 P^2 到 P^4 唯一的变化就是 2 的偏好：他将 A_1 和 A_2 的排序反转了。所以，对任意 $A \neq A_1$，A_2 都有 $\varphi_{2A}(P^4)=\varphi_{2A}(P^2)$。第三，无嫉妒性推得对任意 $i=3, \cdots, n$ 和 $A \neq A_2$，A_3 都有 $\varphi_{iA}(P^4)=\varphi_{1A}(P^4)$，并且，无嫉妒性还推得对任意 $i=3, \cdots, n$ 有 $\varphi_{iA_3}(P^4)=\varphi_{2A_3}(P^4)$。第四，效率性推得 $\varphi_{1A_2}(P^4)=\varphi_{2A_1}(P^4)=0$。第五，所有其他概率都可以由随机分配的定义推得。

我们现在可以推出想要的冲突了。因为存在 $x \in A_1 \cap A_2$ 满足对任意 $k=$

3，…，K 有 $x \notin A_k$ 以及 $q_x = d_1 + d_2$，我们有以下冲突。

$$d_1 + d_2 = \sum_{i \in I} \varphi_{iA_1}(P^4) + \varphi_{iA_2}(P^4) \Rightarrow d_1 = 0$$

六、引理 6.1 的证明

引理 6.1 的证明分为三步，每一步包含两个部分。

引理 6.1　强非平衡性 $\underset{\not\Leftarrow}{\overset{\Rightarrow}{}}$ 效率性 $\underset{\not\Leftarrow}{\overset{\Rightarrow}{}}$ 弱非平衡性 $\underset{\not\Leftarrow}{\overset{\Rightarrow}{}}$ 无循环。

步骤 1.1：强非平衡性⇒效率性。令 $L \in \mathcal{L}$ 在 $P \in \mathbb{P}^n$ 是强非平衡的。假设 L 在 P 没有效率，我们将找到一个冲突。根据定理 4，L 在 P 是平衡的，也就是存在一个概率转移方法 α：$\mathcal{T} \to \mathbb{R}_+$ 满足：（1）$\alpha(i, A, B) > 0 \Rightarrow L_{iA} > 0$ 以及 BP_iA；（2）$\forall x \in X$：$\sum_{\{(i,A,B) \in \mathcal{T}: x \in B\}} \alpha(i, A, B) = \sum_{\{(i,A,B) \in \mathcal{T}: x \in A\}} \alpha(i, A, B)$。

令 $\mathcal{S} = \{(i, A, B) \in \mathcal{T}: \alpha(i, A, B) > 0\}$。根据定义，$(i, A, B) \in \mathcal{S}$ 推得 $L_{iA} > 0$ 以及 BP_iA。那么，对任意 $x \in X$ 都有 $d(x, \mathcal{S}) > 0 \Leftrightarrow s(x, \mathcal{S}) > 0$。因为，如果不是这样，令 $x \in X$ 满足 $d(x, \mathcal{S}) > 0$ 以及 $s(x, \mathcal{S}) = 0$。那么我们就有以下冲突。[对于 $d(x, \mathcal{S}) = 0$ 且 $s(x, \mathcal{S}) > 0$ 的情况，冲突也可以类似地推得]：

$$\begin{aligned}
&\sum_{\{(i,A,B) \in \mathcal{T}: x \in B\}} \alpha(i, A, B) - \sum_{\{(i,A,B) \in \mathcal{T}: x \in A\}} \alpha(i, A, B) \\
&= \sum_{\{(i,A,B) \in \mathcal{S}: x \in B\}} \alpha(i, A, B) - \sum_{\{(i,A,B) \in \mathcal{S}: x \in A\}} \alpha(i, A, B) \\
&= \sum_{\{(i,A,B) \in \mathcal{S}: x \in B \setminus A\}} \alpha(i, A, B) - \sum_{\{(i,A,B) \in \mathcal{S}: x \in A \setminus B\}} \alpha(i, A, B) \\
&= \sum_{\{(i,A,B) \in \mathcal{S}: x \in B\}} \alpha(i, A, B) - 0 > 0
\end{aligned}$$

上面的前两个等于号来源于定义，第三个等于号来源于 $s(x, \mathcal{S}) = 0$，最后的大于号来源于 $d(x, \mathcal{S}) > 0$。

步骤 1.2：强非平衡性⇍效率性。我们用下面的例子证明。令 $X = \{a, b, c\}$ 以及对任意 $x \in X$ 令 $q_x = 1$，考虑下面的偏好组合以及随机分配：

					a	b	c	ab
P_1：	ab	c	…	L_1：	0	0	1	0
P_2：	c	b	…	L_2：	0	1	0	0
P_3：	c	a	…	L_3：	1	0	0	0

我们用反证法证明 L 在 P 是有效率的。假设 L′在 P 对 L 帕累托占优，我们有 $L_1' = L_1$。如若不然，$L_1'P_1^{sd}L_1$ 推出存在 $\epsilon_1 \in (0, 1]$ 使得 L_1'取下面的形式：

	a	b	c	ab
L_1':	0	0	$1-\epsilon_1$	ϵ_1

这样的话，$L_2'P_2^{sd}L_2$ 以及 $L_3'P_3^{sd}L_3$ 推出，一定存在 $\epsilon_2, \epsilon_3 \in [0, 1]$ 使得

	a	b	c	ab
L_2':	0	$1-\epsilon_2$	ϵ_2	0
L_2':	$1-\epsilon_3$	0	ϵ_3	0

那么随机分配的定义推得 $\epsilon_1 + (1-\epsilon_3) = q_a = 1$ 以及 $\epsilon_1 + (1-\epsilon_2) = q_b = 1$。而这又推出 $\epsilon_1 = \epsilon_2 = \epsilon_3$。我们所需的冲突即可推得：$1-\epsilon_1+\epsilon_2+\epsilon_3 \neq 1 = q_c$。

给定 $L_1' = L_1$，随机分配的定义将会推出 $L_{2c}' = L_{3c}' = 0$。因此，$L_2'P_2^{sd}L_2$ 以及 $L_3'P_3^{sd}L_3$ 推出 $L_2' = L_2$ and $L_3' = L_3$。这将推出一个冲突：L = L′。

我们接下来证明 L 在 P 满足强非平衡性。为此，令 $\mathcal{S} = \{(1, c, ab), (2, a, c), (3, b, c)\}$。显然，我们有：（1）$L_{1c} > 0$，$abP_1c$；$L_{2a} > 0$，$cP_2a$；$L_{3b} > 0$，$cP_3b$；（2）对任意 $x \in X$ 都有 $d(x, \mathcal{S}) > 0$ 以及 $s(x, \mathcal{S}) > 0$。

步骤 2.1：效率性⇒弱非平衡性。根据命题 4，我们只需证明平衡性⇒弱平衡性。我们将证明其逆否命题。为此，假设一个随机分配 $L \in \mathcal{L}$ 在 $P \in \mathbb{P}^n$是弱平衡的。那么，存在一个子集 $\mathcal{S} \subset \mathcal{T}$ 满足：（1）$(i, A, B) \in \mathcal{S} \Rightarrow L_{iA} > 0$ 且 BP_iA；（2）$\forall x \in X$：$d(x, \mathcal{S}) = s(x, \mathcal{S})$。我们接下来构造一个函数 α：$\mathcal{T} \to \mathbb{R}_+$ 满足：（1）$\alpha(i, A, B) > 0 \Rightarrow L_{iA} > 0$ 且 BP_iA；（2）$\forall x \in X$：$\sum_{\{(i,A,B) \in \mathcal{T}: x \in B\}} \alpha(i, A, B) = \sum_{\{(i,A,B) \in \mathcal{T}: x \in A\}} \alpha(i, A, B)$。具体而言，对任意 $(i, A, B) \in \mathcal{S}$，令 $\alpha(i, A, B) = \epsilon$。否则，令 $\alpha(i, A, B) = 0$。这里的 ϵ 是一个很小的正数。因此，（1）可由定义推得，（2）可由下面的推导得出。

$$
\begin{aligned}
\forall x \in X: & \sum_{\{(i,A,B) \in \mathcal{T}: x \in B\}} \alpha(i, A, B) - \sum_{\{(i,A,B) \in \mathcal{T}: x \in A\}} \alpha(i, A, B) \\
&= \sum_{\{(i,A,B) \in \mathcal{S}: x \in B\}} \alpha(i, A, B) - \sum_{\{(i,A,B) \in \mathcal{S}: x \in A\}} \alpha(i, A, B) \\
&= \sum_{\{(i,A,B) \in \mathcal{S}: x \in B \setminus A\}} \alpha(i, A, B) - \sum_{\{(i,A,B) \in \mathcal{S}: x \in A \setminus B\}} \alpha(i, A, B) \\
&= \epsilon \cdot d(x, \mathcal{S}) - \epsilon \cdot s(x, \mathcal{S}) = 0
\end{aligned}
$$

步骤 2.2：效率性⇍弱非平衡性。下面的例子将证明这一结论。令 X =

{a, b, c, d} 以及对任意 $x \in X$ 令 $q_x = 1$。考虑如下的偏好组合 P 以及两个随机分配 L 和 L′。

					a	b	c	d	Ø	ab
P_1:	c	Ø	…	L_1:	0	0	0	0	1	0
P_2:	b	a	…	L_2:	1	0	0	0	0	0
P_3:	d	b	…	L_3:	0	1	0	0	0	0
P_4:	ab	c	…	L_4:	0	0	1	0	0	0
P_5:	Ø	d	…	L_5:	0	0	0	1	0	0

	a	b	c	d	Ø	ab
L'_1:	0	0	ϵ	0	$1-\epsilon$	0
L'_2:	$1-\epsilon$	ϵ	0	0	0	0
L'_3:	0	$1-2\epsilon$	0	2ϵ	0	0
L'_4:	0	0	$1-\epsilon$	0	0	ϵ
L'_5:	0	0	0	$1-2\epsilon$	2ϵ	0

我们首先用反证法证明 L 在 P 满足弱非平衡性。为此，令 $\mathcal{S} \subset \mathcal{T}$ 满足：(1) $(i, A, B) \in \mathcal{S} \Rightarrow L_{iA} > 0$ 且 BP_iA；(2) $\forall x \in X$，$d(x, \mathcal{S}) = s(x, \mathcal{S})$。首先，对任意 $i \in I$，L_i 将所有的概率都赋予了第二好的组合。所以，$\mathcal{S} \subset \{(1, Ø, c), (2, a, b), (3, b, d)), (4, c, ab), (5, d, Ø)\}$。

根据弱平衡性的定义，如果 $\mathcal{S}$ 是非空的，那么它一定要包括上述全部的 5 个元素，否则就不能保证对任意 $x \in X$ 都有 $d(x, \mathcal{S}) = s(x, \mathcal{S})$。因此，我们有：$\mathcal{S} = \{(1, Ø, c), (2, a, b), (3, b, d), (4, c, ab), (5, d, Ø)\}$。

但是这样的话，我们就有了冲突 $d(b, \mathcal{S}) = 2 \neq 1 = s(b, \mathcal{S})$。

我们接下来证明 L 在 P 被 L′帕累托占优。令 $\epsilon \in (0, 1]$。对任意 $i \in I$，从 L_i 到 L_i'的变化都是从第二好的组合往最好的组合的概率转移。很明显，L 在 P 被 L′帕累托占优。因此，L 在 P 是没有效率的。

步骤 3.1：弱非平衡性⇒无循环。令 $L \in \mathcal{L}$ 在 $P \in \mathbb{P}^n$满足弱非平衡性，但 $\tau(P, L)$ 是有循环的。假设循环如下：

$$A_1 \tau(P, L) A_2 \tau(P, L) A_3 \cdots A_{K-1} \tau(P, L) A_K \tau(P, L) A_1$$

令 i_k 满足 $A_{k+1} P_{i_k} A_k$ 以及 $L_{i_k A_k} > 0$。并且，令 $\mathcal{S} = \{(i_k, A_k, A_{k+1}) : k = 1, \cdots, K\}$ 以及 $A_{K+1} = A_1$。对任意的 $x \in X$，我们证明 $d(x, \mathcal{S}) = s(x, \mathcal{S})$。

如果对任意的 $k=1, \cdots, K$ 都有 $x\notin A_k$，根据定义有 $d(x, \mathcal{S})=s(x, \mathcal{S})=0$。否则，令 $(i_{k-1}, A_{k-1}, A_k)\in\mathcal{S}$ 满足 $x\in A_k\setminus A_{k-1}$。我们只需要证明存在 $(i_{k+1}, A_{k+1}, A_{k+1+1})\in\mathcal{S}$ 满足 $x\in A_{k+1}\setminus A_{k+1+1}$。因为 $A_1, \cdots, A_K$ 组成了上述循环，这样的 $(i_{k+1}, A_{k+1}, A_{k+1+1})$ 一定是存在的。

步骤 3.2：弱非平衡性$\not\Leftarrow$无循环。

下面的例子证明上述结论。令 $A=\{a, b, c\}$，$q=(1, 1, 1)$，以及 $I=\{1, 2\}$，考虑如下的偏好组合：

P_1: c a ab b Ø bc ac abc

P_2: a c ab b Ø bc ac abc

考虑如下的随机分配：

	c	a	ab	b	Ø	bc	ac	abc
L_1:	0	0	0.2	0	0.3	0	0	0.5
L_2:	0.2	0	0	0	0.5	0	0	0.3

我们在例子 6.8 中已经论证 L 在 P 是无循环的。令 $\mathcal{S}=\{(1, ab, c), (1, \emptyset, b), (2, c, a)\}$。我们有 cP_1ab，$L_{1ab}>0$，$bP_1\emptyset$，$L_{1\emptyset}>0$，aP_2c，$L_{2c}>0$。通过简单的计数可得，对任意 $x\in\{a, b, c\}$ 有 $d(x, \mathcal{S})=s(x, \mathcal{S})=1$。所以，L 在 P 满足弱非平衡性。

第七章　总　　结

本书研究的是不可分割物品的集中分配问题。为了读者能够清晰地理解本书研究结论的适用范围，我们强调以下几点。

第一，本书研究的待分配物品是不可分割的。这并不是说，我们研究的结论对于在现实中可以分割的物品的分配问题不适用。事实上，现实中的物品有不可分割的（比如分配公租房时一套房子只能分给一位申请人），有可以有限分割的（比如一套两室一厅的员工公寓可以同时分配给最多两位员工），还有可以无限分割的（比如一笔奖金在小组成员中的分配）。这些物品是否可分割是从其物理属性来判断的。而我们模型中所谓不可分割是从建模角度设定的。这并不是说物理上可以有限或者无限分割的物品的分配问题就不能参考我们的模型以及研究结论。对于可以有限分割的物品，我们只要将其最小组成单元当成待分配物品，我们的模型就是适用的。对于可以无限分割的物品，我们的模型其实在很大程度上也是适用的。比如，考虑将一笔奖金在几位员工中分配。我们可以认为，钱是可以无限分割的，但在现实的分配中，我们是有最小分割单位的，比如一分钱。从这个角度来讲，钱其实可以被看作可以有限分割的物品。这样，我们的模型就是适用的。综上，本书研究的模型的适用范围比其表述的直接应用范围要广。

第二，本书研究的待分配物品是集体拥有的，或者说，参与人对物品在分配前的拥有权是平等的。这和现实中一些分配问题是不一样的。比如，考虑老旧小区的原拆原建项目。一般来讲，在原址新建的公寓楼会比原来的老公寓楼更高，从而提供更多的公寓。所以，一般来讲，新建公寓分配问题中的参与人既包括原来公寓的拥有者，也包括新的购买人。从所有权来讲，这两类参与人是不一样的。所以我们的模型不能直接应用在这样的问题中，需要在模型中增加表现拥有权差别的参数。

第三，本书研究的分配问题中参与人的特殊性完全由其偏好刻画，这与现实中的分配问题可能有比较大的差别。比如上面已经讲到的所有权方面的差别。再比如，考虑公租房的分配问题，申请人还可能根据其婚姻状况、年龄、家庭规模等因素划分类别。这些复杂性对我们的模型中的平等对待性提出了质疑，因为平等对待性所基于的理念在于，相同的参与人应该被同等对待。而如果分配问题中的参与人不被认为是相同的，那么他们就应该被系统性地不同对待。所以，这里有两个问题。第一是如何区分参与人的类型。这一点应该是基于所处理的分配问题来具体分析。第二是不同的参与人应该如何不同对待。这是一个非常困难的理论问题，相对于前面一点要困难得多，需要研究人员继续努力解决这个问题。

第四，本书研究的分配问题中不能有市场参与，也就是说不能通过市场买卖来进行分配。这个要求的原因在正文中已经有所讨论。在现实中主要是基于法律、传统以及道德的要求。比如，公租房的分配就在于我们想要通过提供低于市场价的方式关怀有特殊需要的人。所以，从这个分配问题的性质上来讲，就不应该允许通过市场来分配。

我们将本书的结论总结为以下几点。

第一，对于每位参与人最多获得一个物品的分配问题而言，如果其偏好域是连通的，同时满足防策略性、效率性以及公平性的分配机制几乎是不存在的。具体来讲，如果存在这样一个分配机制，这个连通域必须是一个限制层级偏好域。而这样一个偏好域的要求较苛刻，以至于在绝大多数分配问题中，我们都不能认可其为参与人所有可能的偏好所形成的集合。

第二，在一系列非连通域上，存在同时满足上述三个性质的分配机制。这类偏好域叫作序列二分偏好域。这样的一个偏好域要求分配的参与人按照同样的物品属性序列通过字典逻辑的方式形成自己的偏好。从这个角度来讲，这样的偏好域要求是比较苛刻的。但是对于我们关心的集中分配来讲，至少在一些情况下可能是可被接受的假设。比如，在分配公租房的时候，分配的实施单位不仅会提供各种类型的公寓供参与人选择，而且会提供一个物品属性的重要性排序，以及建议他们按照的这样的排序来形成自己的偏好。

第三，当每一位参与人可能获得不止一个物品的时候，这个问题的性质就发生了本质变化。这一点首先体现在随机分配的定义上，也就是从一个双随机矩阵变成了一个更为复杂的结构。另外，传统的分配机制在组合分配中的表现尽管从表面看和每位参与人获得一个物品时基本上是一样的，但是其内在逻辑发生了根本性的改变。最重要的是，在组合分配的时候，寻找可能性成为一项并不困难的任务。

最后，我们探讨继续研究的方向和具体问题。

第一，我们已知在单个物品分配的问题中，每一个序列二分偏好域都是同时满足防策略性、效率性以及公平对待性的分配机制的极大集合。但这并没有告诉我们是否存在其他的偏好域，它不是任何序列二分偏好域的子集，但也存在满足上述三个性质的分配机制。根据第五章中的例子，我们已经知道，这个问题的答案是肯定的。所以，接下来的问题就是能不能找到新的偏好域保证满足上述性质的分配机制的存在性。

第二，在序列二分偏好域上，我们已知 PS 机制同时满足防策略性、效率性以及公平对待性。但是，我们并不知道是否存在其他分配机制也能同时满足这些性质。这也是一个很有意思的后续研究问题。

第三，对于组合分配，我们知道的还很少，还有很多后续需要继续探索的问题。比如，我们知道在本质单调偏好域上 PS 机制和 RSD 机制退化成同一个分配机制了，这告诉我们存在同时满足防策略性、效率性、公平对待性以及可分解性的分配机制。但我们还不知道，在这一偏好域上是否存在其他同时满足上述四个性质的分配机制，也不知道是否存在其他偏好域，在其上也存在同时满足上述性质的分配机制。

参考文献

[1] Abdulkadiroğlu A, Sönmez T. Random serial dictatorship and the core from random endowments in house allocation problems [J]. Econometrica, 1998, 66 (3).

[2] Altuntaş A. Probabilistic assignment of objects when preferences are single-dipped [J]. Working Paper, 2016.

[3] Barberà S, Berga D, Moreno B. Domains, ranges and strategy-proofness: the case of single-dipped preferences [J]. Social Choice and Welfare, 2012, 39 (2).

[4] Barberà S, Gul F, Stacchetti E. Generalized median voter schemes and committees [J]. Journal of Economic Theory, 1993, 61 (2).

[5] Bogomolnaia A, Moulin H. A new solution to the random assignment problem [J]. Journal of Economic Theory, 2001, 100 (2).

[6] Carroll G. When are local incentive constraints sufficient? [J]. Econometrica, 2012, 80 (2).

[7] Chatterji S, Liu P. Random assignments of bundles [J]. SMU Economics and Statistics Working Paper Series, 2018.

[8] Chatterji S, Liu P. Random assignments of bundles [J]. Journal of Mathematical Economics, 2020 (87).

[9] Chatterji S, Zeng H. Random mechanism design on multidimensional domains [J]. Journal of Economic Theory, 2019 (182).

[10] Cho W J. Incentive properties for ordinal mechanisms [J]. Games and Economic Behavior, 2016 (95).

[11] Cho W J. When is the probabilistic serial assignment uniquely efficient

and envy-free? [J]. Journal of Mathematical Economics, 2016 (66).

[12] Gibbard A. Manipulation of voting schemes: A general result [J]. Econometrica, 1973, 41 (4).

[13] Gibbard A. Manipulation of schemes that mix voting with chance [J]. Econometrica, 1977, 45 (3).

[14] Kasajima Y. Probabilistic assignment of indivisible goods with single-peaked preferences [J]. Social Choice and Welfare, 2013, 41 (1).

[15] Kumar U, Roy S, et al. Local-global equivalence in voting models: A characterization and applications [J]. Theoretical Economics, 2021, 16 (4).

[16] Le Breton M, Sen A. Separable preferences, strategy proofness, and decomposability [J]. Econometrica, 1999, 67 (3).

[17] Le Breton M, Weymark J A. Strategy-proof social choice with continuous separable preferences [J]. Journal of Mathematical Economics, 1999, 32 (1).

[18] Liu P. Local and global sd-strategy-proofness of ordinal mechanisms on block-connected domains [J]. SMU Working Paper Series, 2017.

[19] Liu P. Random assignments on sequentially dichotomous domains [J]. Games and Economic Behavior, 2020 (121).

[20] Liu P. Local vs. global strategy-proofness: a new equivalence result for ordinal mechanisms [J]. Economics Letters, 2020 (189).

[21] Liu P, Zeng H. Random assignments on preference domains with a tier structure [J]. Journal of Mathematical Economics, 2019 (84).

[22] Mandler M, Manzini P, Mariotti M. A million answers to twenty questions: choosing by checklist [J]. Journal of Economic Theory, 2012, 147 (1).

[23] Moulin H. On strategy-proofness and single-peakedness [J]. Public Choice, 1980, 35 (4).

[24] Pápai S. Strategy-proof assignment by hierarchical exchange [J]. Econometrica, 2000, 68 (6).

[25] Rossin D, Bouvel M. The longest common pattern problem for two permutations [J]. Pure Mathematics and Applications, 2006 (17).

[26] Saporiti A. Strategy-proofness and single-crossing [J]. Theoretical Economics, 2009, 4 (2).

[27] Sato S. A sufficient condition for the equivalence of strategy-proofness and nonmanipulability by preferences adjacent to the sincere one [J]. Journal of Economic Theory, 2013, 148 (1).

[28] Satterthwaite M A. Strategy-proofness and Arrow's conditions: Existence and correspondence theorems for voting procedures and social welfare functions [J]. Journal of Economic Theory, 1975, 10 (2).

[29] Zhou L. On a conjecture by Gale about one-sided matching problems [J]. Journal of Economic Theory, 1990, 52 (1).